Vendiendo Fuera de lo Acostumbrado

Ideas Creativas para Ayudarle a Hacer Más Venta$

Bob y Roxana Boog

Autor de *Real Estate Sales from Hell*

ths international publishing

Vendiendo Fuera de lo Acostumbrado: Ideas Creativas para
Ayudarle a Hacer Más Venta$
Diseño de la portada del libro realizado por: Bob Boog
 2012 por Bob Boog, todos los derechos reservados

Publicado en Santa Clarita, California por:
THS International Publishing
 23916 Lyons Avenue
Santa Clarita, California. 91321

ISBN: 148-2324830 ISBN 13: 9781482324839

Indice

Indice 3
Una Perspectiva Diferente..5
Definiendo lo que es lo "Acostumbrado" 12
Explicación de Cómo se Vende Dentro de Lo Común.........26
Denotante #1: Dar un Razón de Porqué.................29
Detonante #2: Hacer Preguntas.............................34
Detonante #3: El Uso de Historias para Vender 38
Detonante #4: Responder a Objeciones Hábilmente 48
Detonante #5: El Uso de la Curiosidad para Vender 52
Detonante #6: Compromiso y Consistencia..........................55
Detonante #7: El Principio de la Escasez.............................62
Detonante # 8: Prueba Social 67
Detonante # 9: Reciprocidad 74
Detonante # 10: Autoridad..79
Detonante #11: ¡Justo Como Yo!..88
Detonante #12: ¡Diga la Verdad! 98
Conclusión: ¿A Dónde Ir Desde Aquí?................................103

el autor Bob Boog y su esposa Roxana
(Soy de EE UU y ella es de Guatemala)

Agradecimientos

A mi esposa, Roxana,
Gracias por darme el espacio que necesitaba para hacer mis sueños realidad. **A mis hijos Brandon and Kevin**: con la esperanza de que van a utilizar los principios de este libro para aumentar su éxito futuro y su felicidad.

Gracias especiales a mi Padre y mi Madre, mi suegra Clemen, mis hermanos y hermanas, mis amigos: Jim y Jane Behan, Lyle y Olsen Geoff, Gary y Jackie Kipka, Mary Clark, Mike Change, Craig Helsley, Hagop Doumanian y clientes, y acreedores en Santa Clarita, California.

Una Perspectiva Diferente

Había una vez una mujer que le dijo a su marido: "Por favor Cariño, ¿podrías ir a comprarme un cartón de leche y, si tienen aguacates, trae seis?"

Poco tiempo después, el marido regresó con seis cartones de leche.

La mujer le preguntó: "¿Por qué compraste seis cartones de leche?"

El marido respondió: "Porque tenían aguacates."

Obviamente, la esposa asumió que su esposo iba a traer un cartón de leche y seis aguacates. Sin embargo, el marido había creído que lo que su mujer pensaba era "si tienen aguacates tráeme seis cartones de leche."

Algunas mujeres probablemente leerán esto y pensarán, "¡Ah, Dios mío, esto demuestra lo estúpido que algunos hombres pueden ser!"

Mientras que algunos hombres podrían responder: "¿Que problema hay? El siguió sus instrucciones, no?"

Vamos a atribuirlo a la existencia de distintas perspectivas.

Del mismo modo, mi punto de vista de la venta puede ser diferente al suyo. He estado relacionado con el mundo de la venta de bienes y raíces "a tiempo completo" durante más de 30 años.

Probablemente algunos de ustedes podrían estar pensando, "¡Guau, eso es mucho tiempo! ¡Yo podría aprender algo!"

"Otros podrían no estar tan seguros. De hecho, puede que se pregunte: "¿Será este libro útil para mí? ¡Después de todo, no planeo comprar o vender bienes inmuebles a corto plazo - y yo no soy un agente de bienes y raíces!"

¿Verdad?

Por esta razón, le agradezco que me esté dando una oportunidad. Después de todo, puede que usted haya hecho más ventas que yo. Usted es probablemente ~~un poco~~ mucho más inteligente que yo (después de todo, yo soy un agente de bienes y raíces.)

Atención: cuando vea una palabra con una línea como ~~esta,~~ realmente no es un error - ES UNA BROMA. ¿Ok?

Ahora, yo vuelvo a mi ~~chiste~~ historia. ☺

Pero durante mi tiempo en este planeta, he hecho una serie de observaciones que algunas personas han considerado **"interesantes" o "únicas"** Más de una persona me ha dicho: "Oye, yo nunca he tenido en cuenta esto antes".

Y no solamente fue gente en la barra del bar cerca de mi oficina los que han dicho esto. ¡Incluso personas sobrias han hecho este mismo comentario!

Cuando era un chico joven, por ejemplo, ver El Mago de Oz en la televisión fue un gran acontecimiento para nuestra familia.

Visitábamos a nuestra abuela para ver la película en su casa porque ella tenía una televisión en color. **La mitad** de la película era en color y eso fue un gran evento para nosotros por aquel entonces.

De todos modos, después de ver esta película, hice una simple pregunta: *¿por qué la Bruja Malvada del Oeste tenía un cubo de agua en la cocina con todos esos monos voladores zumbando alrededor? No tiene sentido. Un mono enojado podría rociar el agua encima de ella y causar su derretimiento.*

"Gracias por arruinar la película", se quejó mi hermano mayor.

Cuando asistí a la escuela católica, hice una pregunta tonta acerca de la Biblia que sorprendió a muchos de mis compañeros. Incluso mi profesor dijo que nunca lo había pensado antes. Le pregunté a mi profesora: "¿Por qué Dios creó al hombre dos veces?"

Ella respondió: "¿Qué quieres decir?"

"Pues bien, en el primer capítulo de la Biblia," le expliqué, "Dice: "Dios creó al hombre a Su imagen y semejanza, le instruyó ejercer dominio sobre los peces del mar, hombre y mujer los creó. Y Dios descansó en el séptimo día".

"Si," ella dijo. "¿Qué quieres decir?"

"En el segundo capítulo," continué, "Dios creo a Adán y Eva. Entonces, ¿por qué Dios creó al hombre dos veces? El ya había creado al hombre en el primer capítulo en el sexto día, ¿por lo que no tiene sentido volver a hacerlo en el capítulo dos, verdad?"

Mi maestra respondió: "Nunca había pensado en eso realmente. Clase, vamos a pasar a estudios sociales."

"Gracias por arruinar mi creencia en la creación," casi pude oír a alguien murmurar.

Cuando comencé a vender bienes y raíces, me enseñaron a mostrar a los potenciales compradores tres casas cada vez, siendo la última de ellas la mejor. Entonces tenía que llevar a estos potenciales compradores de vuelta a la oficina y tener un prestamista para hablar con ellos acerca de la financiación de la compra.

Así que hice esta pregunta tonta: "¿Qué pasa si el comprador no cumple con los requisitos para recibir un préstamo?" No hay problema. Me dijeron que esto NUNCA iba a suceder

Me dijeron que un comprador SIEMPRE encontraría el dinero, o lo tomaría prestado de un pariente rico. Adelanto hasta el día en que mis compradores no calificaron. NO tenían ningún familiar solvente.

Después de esta experiencia, antes de mostrar casas a un potencial comprador, pedía a un prestamista revisar su crédito y / o conseguir que su financiación estuviera pre-aprobada en primer lugar. Entonces, sabiendo que tenía un cliente elegible, en lugar de correr de nuevo a la oficina, hacía una parada en un restaurante de lujo y de primer nivel (Umm, McDonald's) donde les compraba un café ultra-caliente de McDonald.

Conversábamos mientras soplaban el café y sus hijos jugaban en el patio y yo diligentemente redactaba el contrato de compra de su nuevo hogar.

Empecé a hacer esto hace más de 28 años y vendí un número elevado de viviendas de esta manera.

Es curioso porque hoy en día casi todos los agentes inmobiliarios precalifican a sus clientes antes de mostrarles una propiedad.

Sin embargo, en aquel entonces, algunas personas me dijeron que estaba loco. Que corría el riesgo de perder buenos clientes, haciéndoles llegar a ser precalificados primero. Yo estaba "llevando las cosas al extremo" y "pensando fuera de lo acostumbrado." ¡Como han cambiado los tiempos!

Lo que usted hace puede ser similar a la venta de bienes inmuebles o puede ser completamente diferente y yo respeto eso. Y debido a que su tiempo es valioso, quiero decirle la razón por la cual usted debería seguir leyendo este libro y por la cual esta publicación es diferente a otras.

A mí me gustan los libros sobre vender que enseñan nuevas técnicas relacionadas con lo que hace a una persona tomar la decisión de comprar. También soy un fan de los libros que ayudan a motivarme para hacer más ventas. Incluso tengo una debilidad por los libros sobre vender que tienen las palabras "rico" o "millonario" en sus títulos.

Estudio el arte de la persuasión, porque quiero aprender a vender mejor, pero un día me hice a mí mismo una pregunta tonta: **¿Qué es lo que causa que un comprador realice una compra en un primer lugar?**

¿Hay una razón psicológica? Y si es así, ¿puedo utilizarla para convencer mejor a alguien para que compre un producto? Después de todo, la mayoría de la gente ha oído hablar de Iván Pavlov y la forma en la que motivaba a sus perros para responder al sonido de una campana.

Cuando investigué por qué los seres humanos compran productos, descubrí que los investigadores creen que la mayoría de la gente ha sido condicionada para responder a determinados estímulos de compra.

Ellos bajan la guardia y compran más fácilmente cuando reciben señales ciertas llamadas **desencadenantes o detonantes** psicológicos.

Los 12 desencadenantes psicológicos analizados en este libro no son de mi creación, pero están respaldados con datos científicos y, si usted le da una oportunidad, este libro puede ayudarle a interaccionar mejor con su cliente promedio para que haga una compra.

Pero qué pasa si usted ya sabe acerca de estos factores desencadenantes? Entonces, hacer una revisión de sus conocimientos sobre este tema no le va a perjudicar.

Después de todo, entender más detalladamente porqué funciona algo ayuda a interiorizar la idea mejor, ¿no?

¿Puedo garantizar al 100% que las ideas presentadas en este libro van a funcionarle maravillosamente a usted todo el tiempo? No. Eso no seria veraz. Mi objetivo es simplemente ayudarle a *aumentar sus probabilidades* de hacer más ventas.

Además, no pretendo ser la persona más inteligente del mundo (después de todo, soy un agente inmobiliario), por lo tanto, es posible que descubra cosas que he tenido en cuenta.

Este libro está escrito para ayudarle a llenar una brecha de conocimiento que probablemente usted no haya considerado antes.

Este libro se titula "Vender venta fuera de lo Acostumbrado", pero ¿qué pasa si usted no está familiarizado con ese término? En otras palabras, cómo puedo vender **"fuera"** de lo acostumbrado, ¿si no sé ni siquiera lo que significa venta **"dentro"** de lo acostumbrado? ¿Qué hago si no sé ni siquiera lo que es lo "acostumbrado" representa?

Buenas preguntas, por lo que en este libro, voy a explicar primero lo que quiero decir cuando hablo de 'lo acostumbrado'. A continuación, pasaremos a examinar los doce "desencadenantes" psicológicos.

También voy a agregar conclusiones adicionales sobre como los desencadenantes psicológicos de pensamientos pueden utilizarse con el cliente americano promedio. Así que si usted está listo para empezar, por favor, ¡pase la página!

Para aquellos que tengan diferentes versiones de la Biblia, estos son los dos primeros versos del Capitulo Primero y los versos 7 and 8 del Segundo capitulo de la Biblia del Rey Jacobo:

27 Y Dios creo al hombre en Su propia imagen, conforme a Su semejanza; creo al hombre y a la mujer. 28 Y los bendijo Dios y les dijo: Sed fecundos y multiplicaos, llenad la tierra y sojuzgadla; ejerced dominio sobre los peces del mar, sobre las aves del cielo y sobre todo ser viviente que se mueve sobre la tierra.

7   Jehová Dios formó al hombre del polvo de la tierra, y sopló en su nariz aliento de vida, y el hombre se convirtió en un ser viviente con alma.

8 Jehová Dios plantó un jardín en Edén, al oriente; y puso allí al hombre que había formado.

Definiendo lo que es lo "Acostumbrado"

¿Alguna vez has escuchado la frase "pensar fuera de lo común?" Me doy cuenta de que es un cliché decir: "Pensar fuera de lo común", pero lo dije.

Nota al lector: tan pronto como usted pronuncia una frase como: "Vamos a pensar fuera de lo común", alguien invariablemente pregunta: "¿Cómo defines lo "común" en el primer lugar?"

Para empezar vamos a dejar una cosa clara, el titulo de este libro es "Piense Fuera de lo Acostumbrado". Cuando hablamos de lo "común", nos estamos refiriendo primeramente a gente. Quiero que considere particularmente en los valores y creencias del cliente promedio de la actualidad.

¿Ha considerado quién es el cliente promedio actualmente?
¿Cuál es su principal preocupación?
¿Qué valores y creencias tienen estos compradores?
Cuál es su "dicho favorito"?
¿El cree, por ejemplo, que el respeto hacia otras personas es importante? ¿O es más importante ser respetados por los demás?
Cuando hablamos acerca de vender, es útil definir cual son sus clientes antes de adivinar acerca de ellos o lo que puede que ellos deseen.

Entonces, una vez que conocemos su motivación a la hora de la toma de decisiones, podemos encontrar la mejor manera de hacer promociones dirigidas hacia ellos. Así que en este libro, ahora declaro que todas las personas en todo el mundo están encasilladas.

Y todas las casillas pueden caber dentro de un cuadrado generacional muy grande. Esto es lo que quiero decir. Vamos a meter todas las personas que viven en un pais en la actualidad por su fecha de nacimiento. Cuando hacemos esto, la parte superior de la tabla consta de La Generación Más Importante. Estas personas nacieron antes de 1946. El nivel siguiente sería para las personas nacidas de 1946-1966, los comúnmente conocidos como los baby-boomers. La casilla siguiente estaría ocupada por aquellas personas nacidas de 1966 - 1986, la a menudo llamada Generación X.

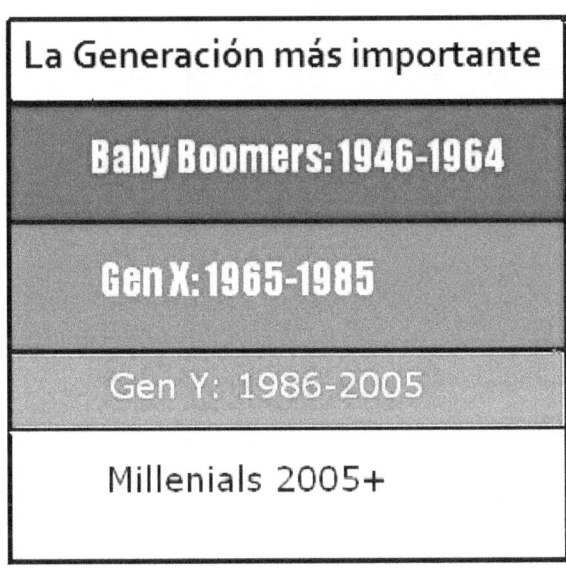

Y a continuación está la Generación Y, cuyos miembros nacieron después de 1986. Nuestra última casilla está ocupada por los "Millenials": las personas nacidas después de 2005. Por lo tanto, todos los estadounidenses pueden encajar en una de estos cuadrados - aunque la verdad, se ven más como rectángulos.

[Nota: Expertos que estudian e investigan generaciones puede que estén en desacuerdo con mis nombres / fechas]

Pero este es mi libro y prefiero mantenerlo simple. Por lo tanto, por la presente proclamo que sólo existen tres generaciones: La Generación Más Importante, los Baby Boomers y la Generación Yo.

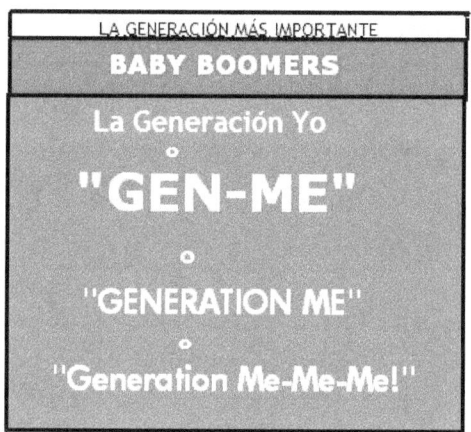

(Generación Yo personas nacieron en el año 1969 ya partir de entonces y también se hará referencia a ellos como Gen-Me o GenMe'ers.)

Una vez realizado este cambio, es fácil ver que los Baby Boomers y la generación más grande han reducido en tamaño y ya no son los objetivos más importantes de la publicidad y promociones. (A menos, claro está, si se venden seguros de vida y planes de jubilación.) De hecho, los Baby Boomers y la generación más grande ahora son vistos como "menos deseables" para muchos anunciantes ya que toda esta gente se jubilará pronto o se han retirado ya. Algunos incluso puede que estén viviendo en residencias con un pie en la tumba. La conclusión es: gente jubilada tienen a menudo ingresos fijos y no son muy conocidos por gastar su dinero descuidadamente.

Creo que muchos vendedores y políticos no han comprendido que su público objetivo ha cambiado. A no ser que, que se dirijan a personas más mayores. El comprador esta dounidense promedio es un comprador Gen Me.

La Mayoría de los Compradores Actuales Pertenecen a la Generación Yo

Nacidos en 1969+

Algunos de ustedes podrían estar pensando,

"¿Cuál es el problema? Yo sé lo que la gente que pertenece a la Generación Yo piensan y creen. Sé lo que valoran."

Pero yo no voy a hacer esa suposición.

Quiero saber un poco más sobre ellos. Así que voy a hurgar en sus escritos para aprender de qué se trata. Por cierto, si crees que todo esto es un montón fantastico, no estoy inventando esto. El mérito de esta información se debe a las investigaciones de la doctora Jean M. Twenge Ph.D. de San Diego State University.

En su libro, Generation Me (Generación Yo), la autora Jean M. Twenge Ph.D. utiliza la investigación científica para comparar y estudiar a las personas nacidas después de 1968. Twenge recopiló información recogida usando cuestionarios completados en los años 1950, 1960 y 1970 y compararlos con la información obtenida sobre los GenMe. Se dio cuenta de cómo los resultados y las actitudes de las personas nacidas en los años 1980 y 1990 son muy diferentes a las actitudes de generaciones anteriores. Esto le ayudó a llegar a la conclusión de su tesis acerca de las creencias, valores, sentimientos, rasgos y actitudes de los GenMe'ers.

Estos son algunos de sus hallazgos. Permítanme compartirlos con ustedes.

Lo que hay que saber sobre la Generación Yo

✓ **Los GenMe son un grupo de personas a los que se les ha dicho desde el momento en que empezaron a gatear, "Si cree en si mismo, puede lograr cualquier cosa."**

✓ El dicho GenMe es: "Eres especial, eres importante, el ser diferente es bueno, primero debe amarse a uno mismo antes de amar a los otros".

✓ GenMe creen que las personas deben respetarse a si mismos en primer lugar, más de lo que ellos respetan las reglas sociales u otros.

✓ Los rasgos de personalidad de estos GenMe'ers hacen hincapié en un alto grado de individualismo.

Creencias de la Generación Yo sobre el mundo

- No se sienta limitado por las reglas establecidas. Maldiga libremente, pero no se conforme nunca. Sea honesto con otras personas, incluso si la verdad cause dolor.

- No hay códigos de vestimenta en la vida, así que lleve zapatos de tenis, sandalias y ropa de aspecto extraño donde y cuando quiera - incluso en la Casa Blanca – lo cual algunos GenMe'ers han hecho. (Algunos incluso han llevado chanclas a la Casa Blanca.)

- Tatuajes, Body Art, y piercings son una forma de auto-expresión dc los GenMe.

- "El individuo siempre va primero y sentirse bien con uno mismo es una virtud primaria."

Según Twenge (la cual es un miembro de los GenMe) "Hablamos el lenguaje del "yo mismo" como nuestra lengua materna. Por lo tanto, una gran parte de los consejos basados en el "sentido común" incluyen variaciones sobre el concepto del "yo". Estos son algunos ejemplos

- ¿Preocupado durante reuniones social? Sea su mismo.

- ¿Preocupado por su rendimiento? Crea en sí mismo.

- ¿Debería ponerse un piercing en la nariz? Si, exprésese a su manera.

- ¿Quiere casarse? Tiene que amarse a si mismo antes de poder amar a otra persona.

- ¿Debería expresar su propia opinión? Sí, exprese sus propias ideas y a su manera.

Los Valores de los GenMe'ers

La autoimagen es muy importante para la Generación Yo. Han crecido viendo la televisión, videos, DVDs, e incluso YouTube. Han sido fotografiados e inmortalizados en video han sido por sus padres, familiares, amigos y parientes. Saben la importancia de lucir bien ante las cámaras por si acaso algún día llegan al estrellato Muchos creen que algún día llegarán a ser ricos y convertirse en famosos -sólo porque ellos lo creen. Cirugía estética de nariz, implantes de senos, estiramientos de la piel de la cara, Botox, depilación de cejas, ir al gimnasio a menudo… la practica de todas estas actividades forma parte de la idea que tener una buena apariencia física hace sentirse bien y sentirse bien nos hace felices.

Muchos GenMe'ers tienen una adolescencia extendida - no quieren crecer.
Muchos GenMe'ers han crecido en hogares con padres divorciados.
Muchos anelan secretamente el éxito y la fama rápida.
Muchos sólo anelan la estabilidad y una figura paterna.

Generalizados Valores Religiosos de los GenMe

Muchas de las iglesias que han crecido en número de miembros promueven una forma personalizada de la religión con la figura paterna fuerte. Ejemplo, Rick Warren, autor de *The Purpose Driven Life* (*la Vida con Propósito*), escribe, "acéptese a si mismo. Nuestro Padre (Dios) nos acepta sin condiciones. Así que en lugar de tratar de hacer y decir todo lo correcto para hacer que Dios le ame, todo lo que tiene que hacer es darse cuenta de que El ya le ama y amarle de vuelta."
La fe personal garantiza que van a ser aceptados en el cielo. Por lo tanto, incluso si usted es un asesino, estará a salvo si considera que Jesús es su Señor y Salvador.

Rasgos Generales de su Personalidad

- Los GenMe'ers crecieron viendo la televisión y, por lo tanto, les encanta la publicidad visual.
- Ellos consideran a sí mismos como individuos y tienen miedo al "pensamiento de grupo". Ellos comparan a los grupos con **los zombis**: personas que no pueden pensar por sí mismos.
- GenMe'ers tienen muchos conocimientos de informática y les gustan las cosas rápidas y fáciles.
- Audazmente, llevan ropa que no hace juego. Son muy materialistas pero, al mismo tiempo, tienen expectativas poco realistas.

- Muchos GenMe'ers nunca han vivido en un mundo donde los videojuegos, los teléfonos móviles/celulares, el Internet, el correo electrónico y los mensajes de texto no existían.

Sentimientos Generales de los GenMe

✓ Muchos GenMe'ers se preocupan mucho por todo - después de todo, más de la mitad han visto cómo sus padres se han divorciado, o no conocen a su padre.

✓ Las mujeres se preocupan acerca de relaciones sentimentales, utilizan servicios de encuentros online, y se casan más tarde en la vida.

✓ A menudo sienten ira, tristeza, dolor, confusión e incertidumbre ante problemas familiares.

✓ Algunos tienen una mentalidad de víctima y ponen excusas cuando las cosas no salen a "mi" manera.

✓ GenMe'ers a menudo culpan a los demás por sus propios fracasos.

✓ "No tengo la culpa, otro persona lo hizo o me obligó a hacerlo".

✓ La otra cara de la libertad propia y de ponerse a uno mismo primero es, sin embargo, la soledad.

Los Gen Me'ers y la Política

No se puede confiar en los Políticos: mire a Irán Contra, Clinton-Lewinsky, y búsqueda de armas de destrucción masiva en Iraq. Los GenMe'ers prefieren políticos que son como ellos o actúan como ellos. Se preguntan a sí mismos "¿Cómo puede este político ayudarme?". Los políticos tienen que considerar que tratando con los GenMe'ers es aceptable que las mujeres tengan hijos sin casarse. Los homosexuales y las lesbianas no están dispuestos más a mantenerse escondidos en el armario. Latinos y los asiáticos quieren una parte más grande del suelo Americano.

¿Les gustaría apostar quién creía que iba a ganar la contienda de las elecciones generales americanas de 2012 entre el Presidente Obama y su oponente? Estaba convencido de que el Presidente Obama iba a ser reelegido en 2012 sin problemas, simplemente porque sus opiniones son más consistentes con las del electorado de la Generación Yo. ¿Y sobre las elecciones generales de 2016? Hablaremos sobre ellas mas adelante en este libro.

Lo que Esto Significa para los Vendedores

Algunos vendedores ya han descubierto que el "yo" es importante para los GenMe'ers y han promocionado sus productos y servicios teniendo esto en cuenta.

Por ejemplo, en el pasado la compañía de seguros Prudential Life tenia este dicho: **"Get a piece of the rock."** (**Tome un trozo de la roca**). Ahora tiene un dicho más individualista: **"Be Your Own Rock"** (sea su propia roca).

El dicho del Ejército de los Estados Unidos: **"Be all you can be"** (**sea todo lo que pueda ser**) ahora es **Sea un "Army of One"** (**ejército de uno**).

De Wikipedia y Otras Fuentes de Información Online

> "Los GenMe'ers inician relaciones sentimentales con cautela. No creen que el matrimonio tradicional es tan importante como amar el uno al otro. Está bien para permanecer soltero así como que parejas heterosexuales o del mismo sexo vivan juntos sin casarse".

> "La Generación Yo ha sobrevivido a una infancia marcada por el divorcio, niños cuyos ambos padres trabajan, explosiones de transbordadores espaciales (principalmente en los Estados Unidos), aulas abiertas, corrupción política generalizada, inflación y recesión, películas sobre niños demonio, y el cambio de los "G" a "R" ratings".

➢ "Con respecto a tecnología, la "creación" y la difusión del Internet ha dado un papel secundario a la comunicación cara a cara. Los libros ahora están fuera de lugar. Casi infinito conocimiento está disponible continuamente y para los GenMe'ers, puestos de trabajo relacionados con la tecnología están en gran demanda".

➢ "Con respecto al mundo laboral, los GenMe'ers 'abrazan' el riesgo y prefieren la libertad de acción al corporativismo leal. Políticamente, se inclinan hacia el pragmatismo, la no afiliación y el liberalismo. A veces criticado como "vagos", no obstante han sido acreditado extensamente con un nuevo crecimiento de la capacidad empresarial y el auge del .com resultante".

➢ "A los GenMe'ers les encantan los famosos. Les encanta la tecnología. Aman las marcas. Son felices haciendo lo que la publicidad les dice que hagan. Entonces, ¿qué pasa si no consiguen leer nada más largo que un mensaje instantáneo? "

➢ "No es cierto. Crecimos con cursos que examinaban los medios de comunicación y la publicidad. Los GenMe'ers son MÁS conscientes de lo que está pasando. "

Consideraciones Finales Sobre los GenMe'ers:

No todos los GenMe'ers poseen tatuajes y piercings o vienen de familias disfuncionales. Esta es una visión muy estereotipada. Si pertenece a la Generación Yo o es un vendedor GenMe'er, usted es libre de no estar de acuerdo totalmente con mi opinión.

Además, hoy en día las cosas cambian muy rápidamente. **En el mundo del Internet, lo que existe hoy probablemente será diferente mañana.** En lugar de especular sobre esto, vamos a concluir que las maneras y los métodos Generación Yo son a menudo aleatorios, ambiguos y contradictorios.

Nos guste o no, creo que las formas individualistas de la Generación Yo se han convertido en parte de la cultura americana. Así es como el cliente promedio ve el mundo. Sabiendo esto, ¿cómo podemos diseñar nuestro mensaje para generar ventas motivando a los compradores GenMe'ers? ¡Siga leyendo!

Explicación de Cómo se Vende Dentro de Lo Común

Ahora que tenemos una idea general de los principales aspectos de la Generación Yo de sus frecuentes aleatorios, ambiguos y contradictorios aspectos, el uso de métodos de venta convencionales dirigidos hacia los miembros de esta generación debería ser pan comido, ¿verdad? No, realmente no, pero espero que pueda ayudarle a abrir los ojos o mejorar los mensajes que utiliza para realizar ventas.

Por cierto, las formas convencionales de vender que estoy a punto de examinar no deben ser vistas de un modo peyorativo. Comprender cómo la mayoría de la gente son normalmente persuadidas a comprar productos o servicios es crucial para los vendedores porque eso es el arte de las ventas: convencer a un cliente o posible comprador a **tomar algún tipo de acción.**

Al mismo tiempo, sin embargo, queremos ser conscientes del **"Great-Grandma Effect"** (efecto bisabuela) cuando se presenta. Probablemente hay un nombre científico para este efecto, pero sólo significa que muchos de nosotros hacemos las cosas de cierta manera sin preguntar por qué. Y cuando se le preguntó

¿por qué? a menudo alguien responderá: "Porque esa es la forma en que siempre lo hemos hecho". **Punto.**

Hay una historia acerca de una joven que iba a cocinar un jamón por Navidad.

Su madre explicó que para cocinarlo correctamente, la hija necesitaba cortar una pulgada del jamón en todos los lados antes de ponerlo en la bandeja para asarlo en el horno.

La joven le preguntó a su madre: "Por qué?", Y su madre le respondió: "No lo sé. Es la forma en que mi bisabuela lo hacía y a todo el mundo le gusta así".

Por casualidad, la bisabuela en cuestión paso por allí por esa misma tarde, así que la chica le preguntó directamente:

"¿Por qué cortas una pulgada del jamón antes de hornearlo?" La bisabuela respondió: "¡Oh, yo eso lo hacía para que el jamón cupiera en mi molde cuadrado!"

La moraleja de la historia es que puede que exista una buena razón para hacer las cosas de una cierta manera, porque a veces las viejas costumbres son las mejores maneras de hacer las cosas. Sin embargo, los avances tecnológicos puede que hagan las cosas más fáciles u obsoletas, así que no tenga miedo de examinar y revisar sus sistemas de ventas.

Por último, al igual que todos los compradores, los GenMe'ers quieren saber como un producto o servicio puede serles útiles. **Ellos también quieren notar que les entiende y comprende, que su producto o servicio realmente ayuda a remediar lo que sus problemas.** También quieren confiar en usted.

La buena noticia es que los doce factores desencadenantes psicológicos implicados en las ventas realizadas de una manera convencional, pero es como el caso del hombre que no pudo arreglar su ordenador, y pagó una gran cantidad de dinero a un experto para que lo reparara.

Cuando el especialista consiguió que el ordenador funcionara en cuestión de segundos, el hombre se quejó porque todo lo que el experto hizo fue desconectar el ratón y conectarlo de nuevo a la computadora. "No me pago por el tiempo que hoy he empleado en solucionar el problema", dijo el profesional, "Usted me ha pagado por todo el tiempo que me llevó a aprender lo que tenía que hacer".

Del mismo modo, a veces es también una cuestión de saber cuándo y dónde utilizar esta información sobre los desencadenantes psicológicos. La mayoría de la gente, aunque no todo el mundo, bajan la guardia cuando se utilizan y compran cosas con mayor facilidad. "Tuérzalos" ligeramente cuando sea necesario para adaptarlos mejor a las características particulares de su cliente propio.

Pase la página para leer sobre el Detonante # 1.

Denotante #1: Dar un Razón de Porqué.

Decirle a la gente la razón por la que necesitamos para que hagan algo a menudo les influye de una manera muy potente. Los seres humanos son curiosos por naturaleza y necesitan saber por qué deben comprar lo que está vendiendo antes de que se lo compren. En su libro *"Influence, the Psychology of Persuasion" (Influenciar, la Psicología de la Persuasión)*, el autor Robert Cialdini Ph.D. escribe acerca de un experimento realizado por Ellen Langer de Harvard. El experimento consistió en doce o más humanos promedio esperando en fila para utilizar una fotocopiadora en una biblioteca. El experimentador les pidió saltarse la cola a determinados participantes del estudio, y luego registró la reacción de la persona próxima en línea para ver cómo iba a reaccionar después de haber perdido su puesto en la fila.

Cuando el experimentador preguntó: "¿Puedo saltarme la cola y usar la fotocopiadora?"
60% de las ocasiones la persona siguiente en la fila accedió a ceder su lugar.
Un buen resultado.
Pero cuando el experimentador proveyó una razón para saltarse la cola, diciendo "Discúlpeme, tengo cinco páginas,
¿Puedo cortar en línea para usar la fotocopiadora?

Es que tengo prisa" Adivina cuál es el porcentaje de personas que permitieron al experimentador para saltarse la cola. Respuesta: 94%. De hecho, el porcentaje era aún 93% cuando el experimentador preguntó: "Disculpe, ¿puedo tomar su lugar en la fila? Quiero usar la fotocopiadora porque tengo que hacer algunas copias"

Quiero que se detenga.

Piense en esto por un segundo. El solicitante preguntó: "¿Puedo tomar su lugar y usar la fotocopiadora? Tengo que hacer algunas copias"

Déjeme hacerle una pregunta. Cuál es el porcentaje de ciudadanos portadores de la tarjeta de una biblioteca que estaban haciendo cola pacientemente para hacer copias?

La Respuesta es 100%.

Por lo tanto, las personas que esperan en línea no se preocupan por la razón que se da, ¿no? No. ¡Ellos acabaron de escuchar la palabra "porque", y supusieron que el experimentador tenido una buena razón para realizar semejante petición! Langer llegó a la conclusión de que la palabra "porque" es un motivador poderoso y persuasivo, incluido cuando se usa para hacer publicidad y ventas.

Interesante, ¿no?

Dele a la gente una razón "porque" y podrá mover montañas.

Vendiendo Fuera de lo Acostumbrado - Perspectiva 1

Como se ha podido notar a partir del análisis de este primer detonante, sus clientes potenciales necesitan tener una razón de peso por las que deben comprarle a usted sus productos o servicios. La próxima vez que vea un anuncio comercial de TV, pregúntese: este anuncio ofrece con éxito una razón visual "por la que" debería comprar el producto anunciado?

Por lo tanto, si usted está involucrado en ventas directas, puede que le resulte aconsejable tener tres razones fijas en su mente en cuanto a por qué un cliente GenMe'er deben comprar sus productos. Recuerde que a los clientes GenMe'er le gusta recibir información de forma rápida y no oír un montón de terminología compleja.

Por lo tanto, mantenga sus ojos bien abiertos en cuanto a los medios tecnológicos que le pueden ayudar a entregar productos, servicios e información de una forma más rápida.

En las ventas de bienes inmobiliarios, por ejemplo, un agente puede establecer un sistema dc mensajes de texto que envíe inmediatamente información a posibles compradores a través de sus teléfonos móviles mediante mensajes de texto.

Este servicio se llama **www.textinfotoclient.com**.

Es muy práctico porque muchos clientes potenciales miembros de la Generación Yo no usan bolígrafo, puesto que la mayoría utilizan teléfonos móviles.

¡El cliente potencial envía un texto para el mensaje de la señal y recibe automáticamente un mensaje de texto con un enlace a un sitio web para móviles donde hay imágenes e información sobre la propiedad a venta en cuestión! (Incluso ayuda al medio ambiente, puesto que contribuye a salvar árboles).

¿Podría su empresa beneficiarse del uso de este tipo de servicio de mensajes de texto instantáneos? Visita: www.textinfotoclient.com

Idea #1: Piense en tres razones de peso por las que un comprador GenMe'er debe comprar su producto o servicio y que anótelas. Cree una ortografía mnemotécnico de estas razones. Repita para aprenderlos de memoria. Si lo hace, le dará más confianza, sobre todo cuando en una entrevista de trabajo.

Por ejemplo: DUPR: "Porque nuestro producto es **Duradero, Unico,** ya un **Precio Razonable.**"

Sabiendo lo que es diferente o único acerca de su producto o servicio le ayudará a vender mejor, porque la gente va a pensar que usted esta al tanto y sabe lo que se hace. Cuando usted pueda definir de forma inteligente las características y beneficios de algo, no sonará como un imbécil. Además, por lo general usted será más entusiasta y estará más convencido de los beneficios de su producto.

Idea #2: Mantenga un diario (online o fuera de línea).
Creo que le ayudará mucho el usar unos minutos de su tiempo cada día en documentar sus sentimientos, historias de éxito e ideas. Utilice papel o Google Docs.

Además, todas las religiones dicen: "Usted recibirá si usted pregunta," por lo que en su diario, no tenga miedo de preguntar. Pregunte al universo, Dios, la Madre Naturaleza o a su propio Espíritu, para que le oriente. Después, escúchelos.

Pasa tiempo meditando tranquilamente y escuchando. A veces, el ejercicio cotidiano de la "escritura automática" después de pedir orientación ayuda. La escritura automática consiste en anotar todo lo que primero que se le viene a la mente.

Idea # 3: Anote sus metas y objetivos, pero empiece poco a poco, siendo realista. Manténgase enfocado. Más importante aún, **recuerde los beneficios** que recibirá cuando usted alcance sus metas.

Practique retrasar su auto-gratificación hasta que usted haya realizado todo su trabajo pendiente. Por ejemplo: "Hoy, después de hacer 50 llamadas para ofrecer mi producto a cliente, me daré el gusto de tomar un bufé en un restaurante sushi, o "si consigo cinco ventas antes del 31 de diciembre, voy a llevar a mi familia de vacaciones a Hawai".

¡La contemplación diaria de aspectos positivos y recompensas ayudará a motivar, lo cual a menudo contribuye a producir un aumento en las ventas!

Detonante #2: Hacer Preguntas

El legendario entrenador de vendedores y autor de *Selling for Dummies* Tom Hopkins ha declarado a menudo: "Cuando hago una declaración, la gente puede que dude sobre la veracidad de lo que he dicho. Pero si hago una pregunta y al responder, afirman de un hecho, la gente tiende a creerme."

Este es un ejemplo de una técnica habitual a la que llamo "el uso de la pregunta-afirmación". Para hacer una pregunta-afirmación, sólo tiene que añadir una pregunta al final de cualquier observación mediante la adición de palabras como,
¿No es así? ¿No fue así? ¿No? ¿No le parece?

Los Ingleses parece que lo hacen todo el tiempo. Se ha dado usted cuenta de esto? Siempre terminan las frases con un pregunta, ¿no?
El uso de la pregunta-afirmación puede ayudar a un vendedor a dirigir a un cliente potencial a hacer una compra, ¿no? Hacer afirmación-pregunta es fácil de hacer, no es así? Muchas afirmaciones-pregunta pueden volverse irritantes después de un tiempo, ¿no le parece?

¡Suficiente!

34

Vendiendo Fuera de lo Acostumbrado Perspectiva 2

Algo que descubrí al hacer afirmaciones-preguntas es que si cuando me mostré **MÁS** específico acerca de un tema en particular, estaba percibido vistos como más creíble.

Así que en lugar de decir: "Este salón es amplio, no?" Dejaría escapar una observación más específica como, "Wow, esa es una chimenea de esquina hermosa, ¿no es así?", O "Las ventanas de doble panel añaden un toque elegante a esta habitación, ¿no le parece?"

"No me había dado cuenta que eran de doble panel."

Ser específico no se limita a la venta de bienes inmobiliarios. La especificidad puede ayudar a cualquier persona a persuadir a otra, ya que añade credibilidad. Por ejemplo, Si yo dijera: "Sueno como Willie Nelson cuando canto."
En su mente, usted puede tener una buena idea de como yo creo que sueno.

Pero ahora mi esposa llega, ella dice "Sí, claro. Bob suena más como un mezcla de Willie Nelson con Yoko Ono – si Yoko Ono fue un hombre."

Note ¿como que la especificidad ayuda a transmitir la idea? Es menos ñoño. ¡Usted recibe una idea mucho pormenorizada de cómo sueno!

Los anuncios de televisión suelen recalcar características específicas de un producto para ayudar a demostrar sus beneficios. "Cuatro de cada cinco dentistas recomiendan este chicle".

Cuatro de cada cinco suena más preciso que el 80%, ¿no?

Sin embargo, si se hacen las cuentas, **ambas afirmaciones quieren decir lo mismo**, (5 diviso por .40 = 0.80 = 80%).

Así que cuando piense fuera de lo acostumbrado, trate de añadir una beneficio específico junto con la afirmación-pregunta. "Nuestro jabón es 99 por ciento puro, y huele muy bien, no?" (99 por ciento puro suena más específico que 100% puro, ¿no le parece?)

Porque la mayoría de la gente- sobre todo los GenMe'ers- se muestran escépticos acerca de vendedores, use fotografías, gráficos, screenshots y vídeos para presentar pruebas de los beneficio o características de los productos que este intentando vender.

La pagina web http://www.Screenr.com le permite realizar gratuitamente screenshots (capturas de vídeo). Esta página registra cuando tu cursor hace clic en un sitio web.

¿Puede el proporcionar evidencia mediante video que un comprador puede hacer clic descargar un producto en su sitio web ayudar a su negocio? Posiblemente.

Al utilizar afirmaciones-preguntas, no tenga miedo de usar imágenes y presentar encuestas y estadísticas también. Un vendedor dijo que su vídeo de tres minutos demostraba los beneficios de su producto mejor que la carpeta de presentación que su CPA había preparado. Dijo que el CPA había realizado una carpeta de presentación impresionante llena de gráficos que incluían datos financieros que mostraban que un ROI medible (retorno de la inversión).

Su video solo revelaba ventajas únicas que la carpeta del CPA no mencionaba: él y sus inversores estarían utilizando un jet personal para viajar a un casino de Las Vegas para una reunión de negocios. El me mostró fotos de él de pie al lado de su avión. La lección es que una imagen, video y gráfica junto con una afirmación-pregunta puede valer más que 1,000 palabras y aumenta mucho su credibilidad cuando intente vender productos a un comprador que es miembro de la Generación Yo. Es posible que crear estos artículos requiera un poco más de investigación, pero vale la pena. Lo que pasa en Las Vegas se queda en ~~Facebook~~ Las Vegas ¿verdad? ;-)

Detonante #3: El Uso de Historias para Vender

A la gente les encantan las historias.

Desde la antigüedad hasta la actualidad, una buena historia puede servir para mantener la atención de otros. Los cuentos ayudan a llamar la atención y trabajar mágicamente para influenciar y persuadir a la gente. Por qué las historias funcionan tan bien? Una buena historia impresiona al oyente y ayuda a establecer una conexión. Además, las historias ayudan a bajar las barreras existentes en las mentes de las personas. Después de todo, no vamos a darles un "argumento de venta" a compradores potenciales, sólo les vamos a contar una historia,¿verdad?

Normalmente, después de contar una historia, usted explicara a su conexión a uno de los beneficios de usar su producto o servicio y / o por qué es importante tomar medidas hoy en lugar de esperar. También es importante contar historias positivas, y no negativas, ya que el contenido de la historia refleja cómo el oyente considera que la persona que la ha contado.

Un estudio realizado en la Universidad Estatal de Ohio analizó historias negativas contadas por la gente, y después a los participantes se les pidió que se juzgaran la personalidad del orador.

Incluso cuando era obvio que el orador estaba hablando o criticando a otra persona, ¡esos mismos rasgos negativos fueron atribuidos al orador cuando los oyentes llenaron cuestionarios posteriormente! Así que manténgase alejado de historias negativas. Estos son tres ejemplos del uso de historias para vender:

El uso de historias para vender: La Historia del Hombre Sabio

Esta primera historia puede ser muy dramática - especialmente si el orador gesticula con las manos mientras cuenta la historia.

Había una vez un hombre llamado RAJ conocido por ser el hombre más sabio de toda la India. Los chicos de la ciudad Raj no les parecía tan inteligente, por lo que uno de ellos decidió ponerlo a prueba. Puso en sus manos un pequeño pájaro y le preguntó al hombre sabio, "Raj, ¿el pájaro que esta en mis manos, esta vivo o muerto?" Si el hombre sabio le hubiera respondido que el pájaro estaba muerto, el niño hubiera abierto sus manos y el pájaro hubiera salido volando libremente.

Pero si el hombre sabio le hubiera respondido que el pájaro estaba vivo, el chico hubiera aplastado el pájaro con sus manos. El chico se acercó a Raj y le preguntó: "Hombre sabio, el pájaro que esta en mis manos, ¿esta vivo o muerto?" Raj miró al niño e hizo una pausa antes de responder: "Esa decisión, hijo mío, se encuentra en tus manos."

Esta historia se puede usar por vendedores mencionando lo siguiente:

"Del mismo modo, la decisión de cambiar su futuro está en sus manos."
"Del mismo modo, la decisión de creer en Dios está en sus manos."
"Del mismo modo, la decisión de proteger a su familia frente una catástrofe financiera está en tus manos."

¿Ve cómo esta historia puede ser utiliza por vendedores como los de Amway, predicadores, o vendedores de seguros?

Transmite la idea de que una decisión inmediata necesita ser tomada. Vendiendo mediante el uso de historias: La historia de la montaña

Esta segunda historia se puede utilizar cuando se lanza un producto o servicio. Es una buena historia, ya que hace que el cliente potencial tenga en consideración el esfuerzo que comprar un producto o usar un servicio le puede ahorrar.

Había una vez un hombre llamado Jim, que de niño leyó acerca de una de las montañas más altas del mundo y se dijo: "Un día, voy a subir esa montaña."

Veinte años pasaron, y Jim todavía no había logrado su objetivo - principalmente porque descubrió que tendría que aprender a rappel por las peligrosas rocas que estaban en la cima de la montaña. Pero estaba tan decidido a escalar la montaña que dejó su trabajo y comenzó a correr para perder peso y ponerse en forma.

Jim compró el mejor equipo, tomó clases de escalada de roca e hizo caminatas para entrenarse. Finalmente, un día Jim comenzó su aventura. Le tomó tres semanas subir la montaña, a veces tenía que dormir por la noche colgando sobre un acantilado muy empinado y peligroso. Cuando por fin llegó a la cima, levantó su brazo en señal de júbilo, pero se detuvo porque escuchó un ruido. Jim se dio la vuelta y para su gran sorpresa descubrió que un helicóptero había aterrizado y algunos esquiadores saltaron y empezaron a esquiar rápidamente por la montaña.

Del mismo modo, señoras y señores, nuestro nuevo curso de formación ofrece una oportunidad única. Al igual que los esquiadores en la montaña, nadie, ni siquiera un principiante puede tomar un atajo hacia el éxito y evitar las trampas, peligros y noches sin dormir causadas por el intento de hacerlo solo usted mismo. Usted se impondrá sobre su competencia.

Esta es una historia bastante larga, pero siembra una imagen clara en la mente del oyente del esfuerzo descomunal que requiere realizar una tarea uno solo. La historia contraste este esfuerzo con el uso de un método moderno que facilita el éxito de una forma mas rápida: un helicóptero. El uso del contraste es una buena táctica narrativa.

El uso de historias para vender: La historia del Email - carta

Recibí la siguiente historia por correo electrónico, pero puede ser eficaz también las ventas fuera de línea porque suena personal y ofrece beneficios específicos.

Estimado [Nombre], hace poco me topé con algo inusual, y como suscriptor, quería que usted supiera sobre eso.

Hace unos meses, conocí a un hombre llamado Bob Boog en una fiesta. Bob es un escritor, un agente inmobiliario y ha hecho algunas observaciones que han ayudado a la gente a llegar a rango superior en Google y otros motores de búsqueda. El amablemente me ofreció su material y me pidió que la echara un vistazo.

Yo amablemente le sonreí y le di las gracias, pero yo sabía que no iba a leerlo en poco tiempo (deberías ver a mi mesa de lectura - se amontona el material y yo soy un lector rápido, ¡lol!) Pero la suerte quiso que mi ordenador se estropeara y, sin nada más que hacer, me decidí a hacer algo de lectura ligera.

¡Honestamente, no puedo recordar otro libro que no pude dejar de leerlo hasta el final!

El manuscrito de Bob, "Vender fuera de lo Acostumbrado" combina la investigación científica sobre por qué la gente compra cosas, información importante acerca de los compradores de hoy en día de la Generación Yo, y consejos creativos para solucionar problemas! Su material sobre la solución creativa de problemas vale el doble del precio del libro por sí solo. Además, el libro ofrece humor, tiene un montón de historias, es divertido de leer, y presenta consejos útiles sobre cómo vender cosas en el mercado actual. Hágase un favor y échele un vistazo en este enlace.

¡No se arrepentirá!

Saludos,
 Bob

La belleza de esta última historia es que se refiere a los beneficios que podría recibir por haber comprado el gran libro mencionado en la historia.

¿Cuáles son sus beneficios? Este libro ofrece investigación científica sobre por qué la gente compra productos, tiene información sobre los compradores de hoy y sobre como solucionar problemas creativamente.

Es una lectura agradable, y ofrece humor, historias y también voy a aprender acerca de como vender en el mercado actual. ¡Wow, me las he arreglado para ~~descaradamente~~ promocionar mi propio libro en mi libro!

Vendiendo Fuera de lo Acostumbrado
Perspectiva 3

¿Ve cómo una historia puede ayudar a promocionar un producto o servicio? Cuando usted ve el anuncio de un libro o un curso de entrenamiento de ventas, usted sabe que alguien está tratando de vender algo. Sin embargo, la mayoría de la gente están tan envueltos en la escucha de la historia del "hombre sabio" que las defensas anti-publicidad de sus mentes se reducen. Asegúrese de que el lector o el oyente va a entender la moraleja del final de la historia.   Una historia sin moraleja es como un chiste sin gracia.

Eche un vistazo a la historia # 3. Bob utiliza un tono personal y escribe apasionadamente como si fuera tu amigo en Facebook y no un viejo chapado a la antigua. Agregar la palabra "lol" ayudó a hacer eso, ¿verdad? Lol = riendo a carcajadas

Contar la mejor historia del mundo no significa nada, sin embargo, a menos que su perspectiva es la apropiada, así que aquí están algunas observaciones más que he hecho sobre el tema.

Muchas cartas enviadas a través de correo convencionales nunca acaban abiertas. Así que si usted está escribiendo una historia y va a ponerla en un sobre y enviarla por correo, esperando que se lea algún día, buena suerte. Los GenMe'ers son personas que están ansiosos de abrir cartas con sello como la apertura de una citación del inspector de hacienda.

Así que si usted va a utilizar el correo convencional, creo que es más efectivo usar una pluma y escribir a mano los nombres y direcciones en los sobres. (utilice a su sobrina o jubilado favorito para hacer esto). No es muy eficiente, pero eficaz. El excesivo tamaño de algunos sobres funciona bien también, pero recuerde que el coste de enviar cartas de gran tamaño puede llegar a ser el doble.

Otra estrategia eficaz consiste en enviar un paquete abultado. Envuelva un centavo en plástico de burbujas e inclúyalo en su sobre con una corta frase ingeniosa. "Un centavo por tus pensamientos." Puede que le cueste un centavo extra, pero las cartas bultos se abren muy a menudo. No es 100% eficaz, pero **aumentara a las probabilidades de que los receptores de su carta la abran**. Es como usar esta técnica para entrar en una zona de viviendas protegida por una puerta de seguridad. Sólo tiene que escoger cualquier nombre en la lista de propietarios, marcar su número y cuando alguien conteste solamente diga la frase mágica: "cartero **U-P-S**".

Y sobre el envío de correos electrónicos a los clientes de la Generación Yo, qué? Usted desea que el correo electrónico sea abierto y leído.

Una manera de asegurarse de que el recipiente lo va a leer es emplear el uso de un "cliffhanger" ("al borde del precipicio").

Un cliffhanger es una situación de suspenso se encuentra al final de la mayoría de programas de la telé realidad.

Por ejemplo, ¿cual concursante de *American Idol* fue eliminado esta semana? Lo sabremos, justo después de esta pausa comercial larga. ¿Quién dejará *Survivor*? El suspenso de no saber quien dejará el show mantiene a los televidentes pegados a las pantallas de sus televisores.

Del mismo modo, cuando se envía un correo electrónico a un potencial cliente, emplee un cliffhanger en la línea de asunto. El correo electrónico se tiene que abrir para descubrir la respuesta. He aquí un ejemplo:

• Asunto: ¿Qué secreto poco conocido usan las mujeres para perder peso? ¡Descúbralo en el interior!

• Asunto: ¿Cuál es el sitio web local que ha crecido mas rápidamente? (Nota: ¡NO es lo que usted piensa!)

Observe cómo las líneas de asunto casi obligan al lector a abrir el resto del correo electrónico.

Uno de los mayores retos para los vendedores, sin embargo, es comprobar que el mensaje ha sido recibido.

En otras palabras, si no recibo una respuesta a mi carta, ya sea por correo electrónico o convencional, podría llamar por teléfono al comprador potencial para ver si lo ha recibido.

 O **podría enviarle un mensaje de texto**. Si es urgente, posiblemente podría dejar una tarjeta de visita de gran tamaño en su oficina.

Cuando se promociona un producto a la población GenMe'er, un correo electrónico con un enlace a una "app" o aplicación también es recomendable, porque una aplicación permite a un GenMe'er individualista tener la libertad de descargar cosas por sí mismo y luego contarle a su amigo o pariente sobre el producto. La mayoría de los negocios construyen su reputación a partir de clientes satisfechos que repiten. Por lo tanto, dele a la gente lo que les gusta. El boca a boca realmente funciona, especialmente en línea.

El "no" que escuchara hoy en realidad podría decir, "No en este momento."

Para aprender más sobre el manejo de una objeción, ¡pase la página!

Detonante #4: Responder a Objeciones Hábilmente

Muchos vendedores toman el enfoque "avestruz" para hacer frente a objeciones de clientes potenciales, enterrando la cabeza en la arena y guardando silencio.

De hecho, algunas empresas anuncian abiertamente los defectos de sus productos. "¡Estas camisas son tan feas, tenemos que venderlas muy baratas!" o "Nos comprometemos a darle dinero en efectivo por su chatarra - ¡no importa lo feo que sea!"

Promocionar defectos es una cosa. Pero ¿qué pasa ocurre cuando se trata cara a cara con un cliente?

Si usted trabaja en ventas, tales como automóviles, seguros o bienes inmobiliarios, presentar una objeción a clientes potenciales por adelantado puede ser incierto. Usted puede perder mucho señalando un defecto, porque la mayoría de los compradores tienen miedo de tomar una decisión equivocada.

Pero puede ayudar a su comprador a que se enfoque en lo más importante. Después de todo, en el sector inmobiliario, muchos compradores empiezan queriendo una mansión pero acaban conformándose con mucho menos, ¡especialmente aquí en Los Angeles, California!

Así que la presentación de un tema desagradable puede ayudar a acelerar el proceso de toma de decisiones. Explicar una posible objeción ayuda a resolver en dudas en la mente del posible comprador. Sugiero que los vendedores usen la técnica del "sentir, sintió, notado" cuando se enfrenten a cualquier objeción. La razón por la que esta técnica funciona bien es porque la mayoría de las ventas se realizan por las emociones y luego respaldadas por razón y la lógica. Los sentimientos son emociones, ¿no?

 Así es cómo funciona esta técnica: las palabras "se siente, ha sentido, hemos notado" se utiliza siempre en este orden y utilizando estas frases: "Entiendo cómo se siente" "Mucha gente se ha sentido de esta manera", "pero lo que hemos hallado es... bla, bla, bla. " Y después explique la solución más convincente al problema. Supongamos que usted está intentando vender una página web a un médico.
El médico dice: "Todo este del sitio web está muy bien, pero la gente viene a mí atraídos por la publicidad y el boca a boca. No necesito un nuevo sitio web."

Bob: "Lo entiendo. Usted siente que no necesita un nuevo sitio web caro, ¿no?
Doctor: "Exacto."

Bob: "Entiendo cómo se siente Doctor, y muchas personas se han sentido de la misma manera que usted.

El dinero es escaso estos días. Sin embargo, lo que hemos notado es que más y más clientes leen testimonios publicados en YouTube y Facebook. Un sitio web nuevo nos permitiría publicar videos de forma rápida y sencilla. Su antiguo sitio web no lo permite".

¿Esta técnica funciona siempre? No. Pero lo qué estamos intentando aumentar son *sus porcentajes totales de ventas*. Trate de usar el "sentir, sintió, notado," "y ver cómo le funciona usted.

Vendiendo Fuera de la Perspectiva 4

Esta es otra observación mía: He notado que un tocar suavemente al vendedor potencial ayuda cuando se use la técnica "sentir, sintió, notado".

Un ligero toque en el brazo, el codo o el hombro parece volver a la persona más consciente. Suelo hacer este toque cuando digo "mucha gente se ha sentido de esta manera." Toco su brazo para hacerle saber que no pasa nada con sentirse de esa manera. No están locos. Otros humanos también se sienten de la misma manera.

Por ejemplo, si yo estuviera celebrando una reunión Tupperware y pensara que un cliente parece interesado en un producto, le tocaría suavemente el brazo o el hombro, a continuación, recalcaría la belleza o beneficios del producto. ¿Por qué?

Los investigadores han revelado que un toque breve y suave puede tener un efecto asombroso.

Durante un experimento realizado por Nicolás Gueguen, un investigador se acercó a los peatones y les preguntó si podían darle un centavo.
El primer experimento se llevó a cabo sin tocar la parte superior del brazo. A continuación, los investigadores decidieron realizar un toque.

Gueguen descubrió que un toque breve y suave sobre la parte superior del brazo **aumenta la probabilidad de obtener el dinero en un 20 por ciento.**

Así que si usted es un camarero, camarera, o vendedor, ¡mantenga esta idea en mente!

Un libro excellente de Richard Wiseman, *59 Seconds* (*59 Segundos*) conversaciones sobre cómo los científicos sociales creen que un toque suave de otra persona libera la hormona oxitocina que hace sentir bien y bloquea los efectos del cortisol, la hormona que genera el estrés. Un toque y / o un abrazo corto puede hacer que su cliente le guste, porque usted está haciendo que esta persona libere esas hormonas.   Así que si usted es un vendedor, pruebe a dar un toque suave en la parte superior del brazo de su cliente, pero tenga cuidado cuando lo haga - especialmente si usted es un hombre y su cliente es una mujer.

Tocar envía una fuerte señal, indicando a la persona tocada la idea de la otra persona la encuentra atractiva, por lo tanto usted no quiere que un toque inocente parezca algo más serio.

¿Yo? ¿Raro?
¡Nunca!

Y si usted descubre que su cliente GenMe'er no aprecia el toque, no lo haga. Usted no quiere ser visto como una persona extraña.

Detonante #5: El Uso de la Curiosidad para Vender

Alguna vez has escuchado el dicho: "¿La curiosidad mató al gato?" ¿Cómo funcionaria el uso de la curiosidad en el mundo de las ventas? Una manera en que los anunciantes utilizan la curiosidad es para hacer artículos que brillan.

Fotógrafos de coches hacen esto porque los investigadores han notado que la mayoría de las personas se sientes atraídos y tienen curiosidad hacia los objetos brillantes. Muchos anuncios de revistas muestran coches elegantes, anillos de diamantes, y metales relucientes sabiendo que el brillo nos atrae. Un estudio científico encontró que los peatones que caminaban por la calle se paran MÁS por una vitrina reluciente que una que no lo es.

¿Por qué? La teoría señala que esta atracción por los objetos brillantes es evolutiva en la naturaleza. Según otro experimento, cuando los niños ven platos brillantes intentan lamerlos.

Algunos científicos creen que en la antigüedad la capacidad de ver objetos brillantes permitió a nuestros antepasados encontrar agua potable limpia. Interesante, ¿no?

Más allá del uso de objetos inmaculados y brillantes para despertar la curiosidad, sin embargo, muchos prefieren el uso de descripciones misteriosas y ambiguas para forzar a la gente a seguir leyendo para averiguar cuales son los beneficios de algo para ellos.

Después de todo, la mayoría de las personas - especialmente los que pertenecen a la Generación Yo están **más interesados en ellos mismos que en otras personas.**

Si tuviera que tomar una foto **de usted junto con otras trece personas**, y luego le muestro la foto, **¿a quién miraría PRIMERO en la foto?**

¿Se buscaría a sí mismo primero?
¡Sí! Los humanos somos criaturas curiosas, ¿verdad?

Sí, somos un poco vanidosos, también. Pero si estás rodeado de otras personas cuando alguien toma una fotografía, puede que se pregunte: ¿Cómo saldrá mi peinado? ¿He parpadeo? ¿Dejé la puerta del establo abierta por accidente?

Los artistas de Striptease saben lo importante que es la curiosidad de sus clientes.
Se quitan la ropa lentamente para mantener el interés de sus audiencias.
Los anunciantes saben que piensas en ti mismo demasiado y por esta razón, muchos usan la palabra "tú". He aquí un ejemplo de un anuncio que encontré en el *National Enquirer* que utiliza curiosidad y la palabra "usted" o "tu".

"Este secreto es muy simple. Cualquier persona puede usarlo. Puede empezar sin dinero, y la gente estará literalmente comiendo de tu mano. Lo mejor de todo, tus amigos perderán muchos kilos, ¡mientras comen su postre favorito! Después de todo, quién no puede resistirse a una rica y jugosa tarta de chocolate?! ¡Sus amigos te dirán que tú estás haciendo dieta fácilmente!"

Vendiendo Fuera de lo Acostumbrado

Perspectiva 5

¿Cómo puedo utilizar mejor la curiosidad a tener más éxito vendiendo?

Un buen comienzo podría ser curioso acerca de **su propio** negocio.

Hágase esta pregunta: "¿Cuál es el segmento más beneficio de mi negocio?"

Después pregunte: "¿Cómo puedo generar más ventas?" Saber lo que es beneficio y lo que no puede darle una mayor motivación para centrarse en hacer lo que es rentable.

En un programa de televisión, el chef Gordon Ramsay demostró al dueño dc un bar que ganaría más dinero ofreciendo cuatro deliciosos platos más caros en el menú que 24 más baratas. Chef Ramsey también poner un camarero de aspecto GenMe'er a su cargo como jefe de cocina. Mostró al joven cómo cocinar los cuatro platos y luego las ventas aumentaron de forma muy considerable. El bar volvió a ser rentable. Se puede mejorar las ventas mediante la eliminación de elementos no rentables? O ¿puede usted cambiar a la persona a cargo de una determinada acción para llegar a ser más rentable?

Si usted es un vendedor de la Generación Yo, saber que "la curiosidad mató al gato" podría darle una pista sobre sí mismo. Considere la posibilidad de guardar su propia curiosidad, como recompensa

Su pensamiento podría ser algo como esto: porque sé que soy un ser humano curioso, sólo por hoy voy a luchar contra la tentación de navegar por Facebook, Twitter o Google. Voy a actualizar mi status en Facebook después de que haga 150 llamadas para ofrecer mi producto. Así que sólo por hoy, voy a seguir una rutina estricta.

Voy a hacer un plan paso a paso y adherirme a él durante 30 días seguidos.
Voy a contarle a la gente mis objetivos. (Esto incitará su curiosidad de ver si puedo mantenerlos y me motivara al mismo tiempo.) ¡Inténtelo!

Detonante #6: Compromiso y Consistencia

¿Te gustaría ser conocido como una persona endeble que cambia de idea cada vez que el viento sopla de cierta manera? O ¿prefieres ser conocido como una persona de compromiso y coherencia? La mayoría de la gente prefiere ser considerada como alguien coherente. Después de todo, las personas inconsistentes son consideradas como inconstantes, inciertas o despistadas.

Vemos a una persona consistente como alguien racional, segura, y en la que se puede confiar. Por esta razón, la mayoría de la gente es reacia a estar considerada como inconsistente.

En el mundo de las ventas, queremos que la gente nos vea como personas consistente, pero también queremos que nuestros compradores cumplan con su parte del contrato también. Es por esto que ponemos nuestros compromisos por escrito. Anotamos metas también, porque una vez que hacemos públicas nuestra opinión sobre un tema es más probable que actuemos en consonancia con ellos.

Según el experto sobre ventas Tom Hopkins, la idea de hacer ventas es empujar al cliente potencial a que tome la decisión de comprar algo. Para esto, hay que hacer preguntas fáciles de contestar. O como el comediante Bill Murray dijo en la película, "*What About Bob*", tomar pasos de bebé.

Si usted es un vendedor, cada pregunta fácil de contestar que pregunte es como un paso de bebé. Cuando el cliente potencial le da un "sí" como respuesta, lo considero un compromiso que le permite hacer otra pregunta que nos lleva a otro pequeño paso, y así sucesivamente

Por lo tanto, si puedo conseguir que usted tome un pequeño paso diciendo "sí", he sentado las bases para otro paso future basado en el compromiso anterior.

Una vez que se toma una posición, hay una tendencia natural a comportarse de manera consistente a esta posición.

Digamos, por ejemplo, que quiero que usted compre un pastel de melocotón para mi escuela, yo podría preguntar algo fácil de responder:

"¿Cree usted que la práctica de deportes en la escuela secundaria es importante? "" Sí, lo creo."
"¿Le gusta comer tarta?" "Sí".
"¿Le gusta comer tarta de melocotón?" "Sí."
"Debido a que nuestro equipo de baloncesto está intentando recaudar dinero para comprar uniformes nuevos, estamos recaudando fondos mediante la venta de tartas de melocotón;
¿Consideraría la compra de una? "Um, quizás.

Pero si yo le preguntara: "¿Te gustaría comprar un tarta de melocotón para ayudar nuestra escuela?" "¿Qué diría? "No."
"¿Por qué no?"
"Porque no me gustan los melocotones." O "no me gustan las tartas."

Esta idea puede ser explicada mejor viendo al experimento científico llevado a cabo por Freedman y Fraser sobre un gran cartel con letras mal escritas. Los investigadores fueron de puerta en puerta en un barrio con un letrero grande y feo que decía: "Conduzca con cuidado." Cuando los propietarios recibieron la propuesta por primera vez de tener el cartel plantado en su jardín, el 83% se negó.

En un segundo barrio que fue similar al primero, sin embargo el 76% de los propietarios estuvieron de acuerdo para publicar el cartel feo mismo en su jardín. ¿Qué hizo que los propietarios de viviendas en este barrio para que actúe de manera diferente?

Aproximadamente dos semanas antes, el segundo grupo de propietarios de viviendas fueron preguntados por una voluntaria para mostrar una señal de 3 pulgadas en su jardín o patio delantero.

Este cartel decía "Sea un conductor seguro."La mayoría de los propietarios no le dieron importancia, pero cuando el solicitante del mismo volvió pidiéndoles que mostraran su deber cívico y apoyaran a su comunidad permitiendo la puesta del cartel grande y feo, la mayoría sintió el deber de cumplirlo. Los investigadores afirman que **cualquier pequeño compromiso** que usted pueda conseguir que un posible cliente haga le ayudará a conseguir **un mayor** compromiso.

Vendiendo Fuera de lo Acostumbrado
Perspectiva 6

Un compromiso pequeño a pedir a un GenMe'er **podría ser su dirección de correo electrónico.** A la mayoría de la gente no les importa dar su dirección de correo electrónico, ¿verdad?

Ya he mencionado el servicio www.TextInfotoClient.com mediante el cual, una persona envía un mensaje de texto a un número que aparece en un cartel.

La belleza del uso de este servicio no es sólo que el cliente GenMe'er va a recibir la información solicitada al instante, pero que el vendedor **también recibirá el número de móvil del cliente.** Así que si usted es un vendedor tendrá la oportunidad de enviarle un texto en otro momento si así lo desea.

¿Qué tal si queremos obtener **TODAS** las direcciones de correo electrónico de un bloque de casas?

Si quieres conseguir todas las direcciones de correo electrónico de todo un barrio, haz un concurso para ganar unas vacaciones o un cupón por $ 50 en compras. No olvide mencionar que el ganador será notificado por correo electrónico, ¡para asegurarse de los participantes proporcionaran una dirección de correo electrónico correcta!

A cambio de conseguir una dirección de correo electrónico, **también puede ofrecer un cupón para SU producto o servicio.** Este cupón puede ser enviado por correo electrónico a los clientes con la sugerencia de enviar una copia a sus amigos o familiares antes de la fecha de caducidad.

De hecho, muchos restaurantes dejar un contenedor para propinas cerca de la puerta de salida - e incluso lo llenan con tarjetas de negocio para que los clientes obtengan la idea de que hay que dejar su tarjeta antes de irse. Después de todo, actualmente la mayoría de las tarjetas de negocio incluyen una dirección de correo electrónico, ¿no?

Además de crear un pequeño compromiso entre usted y su cliente, ¿por qué recolectar direcciones de correo electrónico es una buena idea para un restaurante u otro negocio?

La comunicación por correo electrónico ayuda a desarrollar una buena relación con los clientes de la Generación Yo. Muchos de ellos revisan religiosamente sus mensajes de correo electrónico en sus iPhones.

Si se comunica con las personas a través de correo electrónico de 8 a.m.-5 p.m. tendrá una posibilidad de que su cliente potencial abra su email y responda a su mensaje.

Por lo tanto, si usted es dueño de un restaurante y es lunes por la mañana y descubre que seis de sus mesas ¿podrían estar vacías esta noche, un envío masivo de correos electrónicos podría ayudar a que sus ventas?

Anuncie "¡postres gratis los Lunes!" o "bebidas especiales los lunes" Incluya una "llamada a la acción", como "Pase por aquí", "Llámenos Ahora", "Compre ahora". ¿El envío constante de correos electrónicos, ayudara eventualmente a atraer a clientes? Ciertamente podría hacerlo.

Hay compañías que ofrecen servicios gratuitos de envío de correos electrónicos que permiten a una persona permanecer en contacto con la gente de sus listas de correos electrónicos. El que yo uso se llama www.mailchimp.com. Es gratis y tan bueno como Aweber, Constant Contact u otros servicios pagados. También puede exportar su lista de correos electrónicos si desea contratar uno de sus servicios de pago.

Y si quiere conocer el siguiente detonante, ¡sigamos!

Detonante #7: El Principio de la Escasez

Will Rogers dijo una vez: "Compre bienes inmobiliarios, no se está haciendo más de ellos." Esta cita ayuda a describir el principio de la escasez. Este principio dice que cuando una persona se da cuenta de que algo es escaso o podría estar pronto considerado como escaso, empieza a estar más en demanda. Tarjetas de béisbol, bicicletas, arte, extraños, raros y objetos feos a secas a menudo se vuelven más artículos de colección y más valiosos con el tiempo. ¿Por qué? Simplemente porque la gente los ha tirado y ahora se han convertido en raros.

Cómo utilizar el principio de la escasez en el mundo de las ventas es simple: invente falsas fechas límite, ofrezca oportunidades limitadas o presente números de producción limitados, tales como "sólo hay un número limitado de estos productos disponibles".

"Después del lunes el precio va a subir ¡porque nuestros costos han aumentado!"

He aquí otro ejemplo. Yo podría utilizar la escasez promocionando este libro. Podría decir: "Este libro es escaso. Sólo quedan tres, y un hombre en la librería de la ciudad acaba de adquirir los últimos tres. Sin embargo, puede haber uno o dos en el cuarto de atrás.

Si encuentra uno, no estoy seguro de en qué condición estará, creo que esta podría ser la edición con el error en el mismo, pero si se lo autógrafo, ¿lo compraría? Se podría decir a si mismo: **¡Wow, un objeto defectuoso, con una dedicatoria del autor! ¡Eso sueño raro! ¡Lo quiero aún más!**

Vendiendo Fuera de la Perspectiva 7

Utilice el principio de la escasez con bonos adicionales para motivar a un comprador GenMe'er: "Si realiza un pedido antes del 1 de marzo, ¡le garantizamos que usted recibirá estos tres regalos! ¡Pero dese prisa, se están acabando!"

El experimento de la galleta muestra cómo la falta de un objeto puede afectar la percepción de una persona GenMe'er de su calidad.

Esto es lo que quiero decir. Se realizó un experimento donde a los participantes se les pidió que eligieran el sabor de dos tipos de galletas, contenidas en dos tarros diferentes.

Los estudiantes dijeron que los dos contenedores contenían 85 galletas recién horneadas aquella mañana. Ahora mismo, la hora es 3:00 pm y a los participantes se les pidió que cualificaran el sabor de los dos tipos galletas.

¿Cuál tipo de galleta cree que sabía mejor: las de la jarra A con solo 2 galletas o las del contenedor B, el cual contenía 79?

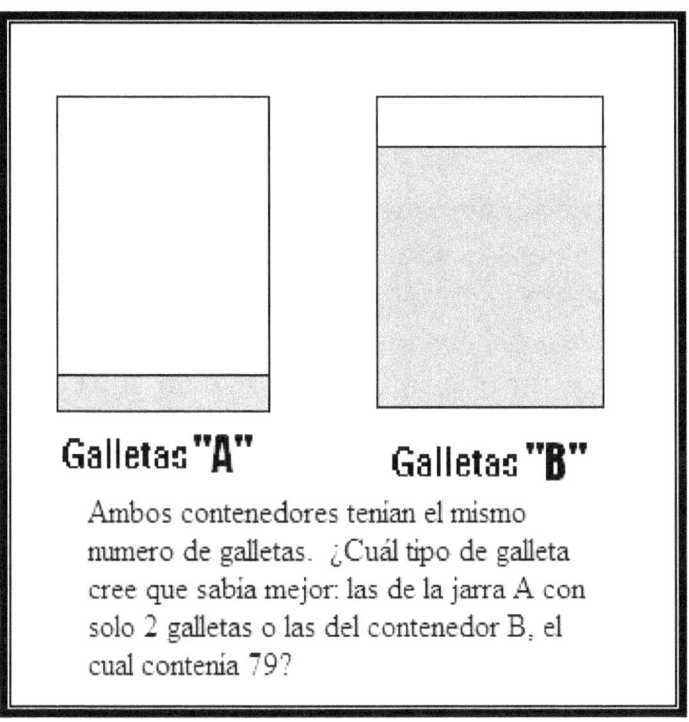

Galletas "A"   **Galletas "B"**

Ambos contenedores tenían el mismo número de galletas. ¿Cuál tipo de galleta cree que sabía mejor: las de la jarra A con solo 2 galletas o las del contenedor B, el cual contenía 79?

¿Adivinaría cual galleta sabía mejor a los participantes?

Si usted dijo que las galletas del contenedor A, ¡dese una palmadita en la espalda!

La gente asume que porque una cantidad más grande de galletas fueron probadas de un contenedor, quiere decir que las galletas deben saber mejor. Pero eso no lo es todo. La escasez también puede implicar que algo podría costar más también, ¿no?

Si le dijera que las galletas del contenedor ¿A costaban más que las del B, me creería?

En realidad, ¡los dos contenedores tenían las mismas galletas! Interesante, ¿no?

Así que si usted quiere vender productos a los compradores de la Generación Yo, ofrezca productos que puedan tener un factor de escasez. Busque artículos que podrían atraer a gustos individualistas y / o cosas que ayudan a mostrar un sentimiento de confianza o elegancia. Algunos ejemplos incluyen: gafas de sol, ropa, zapatos tenis, teléfonos celulares nuevos, juegos de video y de belleza o productos anti-envejecimiento. Considere la personalización de los productos para hacerlos más únicos. Agrega algo distintivo a un producto monótono y aumentará sus ventas.

El Principio de la Escasez en Reverso

Si usted es un vendedor de la Generación Yo, dese cuenta de que el principio de la escasez funciona a la inversa también. Esto significa que puede que su empresa NO le va a ver como extremadamente imprescindible.
Los vendedores de la Generación Yo puede que piensen en secreto "NADIE puede remplazarme", pero la realidad puede ser muy diferente. Así que esté comprometido con su trabajo. Tómeselo en serio. Llegue temprano o por lo menos a tiempo. No actúe como si tuviera derecho a privilegios especiales. Cuando firmó un contrato de trabajo, usted firmó un contrato de empleo. La compañía espera que honre ese compromiso y no sea arrogante al respecto.

Así que **EVITE** decir cosas como:
"Ese no es mi trabajo"
"¿Cuál es el problema?"
"No puedo trabajar con Joe"
"Mea culpa"
"¿Podrías hacer esto por mí?"

 Incluso la frase **"¿Qué harías sin mí?"** puede ser
contraproducente. Un gerente puede pensar: "¿Qué
haría yo sin ti suena como que usted me está poniendo a
prueba?

      Hmm. Apuesto a que el nuevo empleado Omar
puede manejar las cosas mejor. Además de que nos
ahorraríamos algo de dinero mediante la eliminación de
su salario." Pierda la idea de que usted se merece un
tratamiento especial. Su arduo trabajo, humildad y
voluntad de cooperar con los demás le ayudará a ganar
respeto. Ser una Prima Donna sólo pone las cosas peor.

Tell-tale Signs of a Prima Donna

I am 100% Diva   **Glamour**

Style   100% bitch

i'm kinda difficult   It's not my fault

100% Girl   Gurlz Day is Every Day

All I want is the world   Buy me a big diamond ring

Detonante # 8: Prueba Social

Alguna vez ha oído a uno de sus padres pronunciar estas perlas de sabiduría: **"Bueno, si es así y así saltó de un acantilado, ¿le seguirías?"** Esto en pocas palabras es la prueba social - la idea de que el comportamiento de otra persona es más correcto que el tuyo, simplemente porque otra persona lo está haciendo. He aquí un ejemplo personal.

Un amigo mío me dio tickets para ver *American Idol* y yo estaba sentado entre el público disfrutando del espectáculo. Estaba rodeado por todos lados por los familiares y fans fervientes de un cantante en particular. De hecho, él es un hombre tan agradable, que lo nombraron dos veces. Su madre estaba sentada frente a mí. Así que cuando su actuación había terminado y todas estas personas se pusieron de pie y comenzaron a aplaudir frenéticamente, adivina lo que hice? Si. Me puse en pie, vitoreando también. (Y no, no era el cantante Yoko Ono como un hombre.)

Alguna vez se ha preguntado ¿que es lo que causó el colapso de las hipotecas? Creo que es hora de dejar de culpar al presidente George W. Bush y al Congreso de EE.UU. y darse cuenta de que la **prueba social** pura y simple podría haber tenido algo que ver con el colapso de las hipotecas.

La gente corrió hacia los bancos y un CEO responde del mismo modo a prueba social como cualquier otra persona.
Por lo tanto, si soy el CEO de un banco y un montón de otros bancos están utilizando una puntuación FICO 625 como los criterios mínimos para recibir un préstamo arriesgado, estoy pensando que tal vez nuestro banco debería hacer lo mismo.

Después de todo, los otros bancos puede que sepan algo que nosotros no sabemos.

Al igual que los aviones bloqueados en piloto automático, sus controladores nunca mirar por la ventana para ver que la montaña se avecina, los bancos continuaron haciendo préstamos arriesgados hasta que la crisis estalló.

Triste, pero cierto.

Vendiendo Fuera de lo Acostumbrado
Perspectiva 8

La mayoría de la gente de la Generación Yo piensa en sí mismos como individuos, pero en realidad son tan susceptibles a moverse en patrones predecibles como cualquier otra persona. La naturaleza humana nos dice que si usted no sabe qué camino seguir, seguirá el ejemplo de otra persona. ¿No esta seguro de lo que debe comer cuando visita un restaurante? Mire a tu alrededor y ver lo que otros están comiendo. Es como la divertida escena de la película *When Harry Met Sally* (*Cuando Harry Conocio a Sally*), "Voy a pedir lo que ella ha pedido."

Somos tales borregos que los investigadores han encontrado que la mayoría de los estadounidenses les gusta caminar en sentido contrario a las agujas del reloj cuando hacen compra en supermercados. ¿Quiénes cree que visitan estos establecimientos más a menudo, los hombres o las mujeres? Supermercados como Vons ponen productos fragrantes y de colores brillantes, inmediatamente a la derecha de la entrada, así que cuando una mujer entra, sus sentidos son instantáneamente asaltados con aromas de flores frescas y la visión de colores vivos.

¿Cómo utilizamos la prueba social para aumentar nuestras ventas?

Una historia de **www.cracked.com** sobre Alka Seltzer menciona cómo esta empresa utiliza la prueba social para vender más.

Las ventas de Alka Seltzer iban bien, pero los directores de la empresa querían aumentar la producción por lo que crearon un anuncio de televisión aparecía una mano abriendo un paquete de Alka Seltzer y colocando dos tabletas en un vaso grande de agua.

A continuación, el jingle empezaba a sonar: "Plop, plop, fizz, fizz" - Espera, ¿conoces el resto de las palabras? Esto es un test para los miembros de la Generación Yo, porque seguro que muchos de ellos no conocen el resto del jingle.

(La respuesta correcta es "Oh what a relief it is" - Oh, qué alivio que es.)

El brillante uso de la prueba social fue mostrar que dos tabletas de Alka Seltzer son necesarias para curar la resaca - o cualquier otra dolencia. La verdad es que sólo una tableta era necesaria. Pero tomar dos comprimidos no mata a nadie, además de que mejora enormemente las ventas - especialmente si la gente empezaba a pensar que tenía que tomar dos pastillas para que el producto funcionara.

De la forma, Costco y otras tiendas han aumentado sus ventas promocionando productos al por mayor. Comprar 12 latas de sopa Campbell casi tanto como comprar 6, aunque inevitablemente una persona no utiliza todas las 12 y acaba por darse cuenta de que la fecha de caducidad de las latas no usadas ha expirado y ~~donando~~ tirando productos estropeados. ¿Puede usted hacer lo mismo con su producto? (Es decir, vender más productos al por mayor.)

Otro ejemplo de un producto que se benefició del uso de la prueba social fue el wiski Johnny Walker. Las ventas de este wiski fueron bajando poco a poco así que durante la temporada navideña, la empresa decidió aumentar sustancialmente el precio y retratar a este güisqui como uno de los wiskis con mejor sabor del mundo (aunque esa parte es discutible.)

El wiski llegó envuelto en una caja de regalo muy bien decorad - e hizo un espléndido regalo para cualquier ejecutivo o mujer hermosa a la que alguien quería impresionar.

Pregunta: ¿El ciudadano promedio sabe la diferencia entre un wiski de buen sabor y el malo? El sabor del wiski escocés es subjetivo y, en este caso, los comerciantes mostraron famosos que lo promocionan en la revista Playboy. A pesar de que el wiski cuesta mucho, prueba social hizo que la empresa creara una impresión increíble cuando recibieron una botella de Johnny Walker. Debe ser de buena calidad, ya que apareció en Playboy, a famosos les gusta, y costaban mucho dinero. "Impresionó" a la gente y, como se esperaba, las ventas del wiski incrementaron considerablemente.

¿Cómo se puede impresionar a un cínico cliente de la Generación Yo con la prueba social?

El camino al corazón de un cliente GenMe'er es tomar un enfoque creativo y visual. Trate de expresar la sensación de que un comprador tendrá al usar su producto o servicio y cree un simple testimonial de 30 segundos en video o un anuncio en **www.animoto.com**. Explique quién es usted, lo que hace y que se puede esperar de usted.

En el libro de Charles Duhigg, *The Power Of Habit: Why We Do What We Do In Life And In Business* (*La fuerza de la costumbre: Por qué hacemos lo que hacemos en la vida y los negocios*), el cual fue un éxito comercial, se menciona cómo los vendedores de Proctor & Gamble estudiaron videos de gente haciendo sus camas. Por qué? Porque los vendedores de P & G estaban desesperados por encontrar la manera de vender un producto que estaba en camino de ser uno de los mayores fracasos en la historia de la compañía.

El producto de P & G era supuestamente lo suficientemente fuerte como para eliminar el olor de una sobrillo en un dormitorio, pero los vendedores no podían encontrar la manera de vendérselo a su mercado objetivo – las amas de casa de la Generación Yo.

De repente, uno de los vendedores hizo una observación astuta. Se dio cuenta de un patrón. Después de que algunas amas de casa habían completado su tarea de hacer la cama, estas mujeres rociaban el aire y la colcha con el nuevo producto de Procter & Gamble y daban un suspiro de alivio.

Parecía estar divirtiéndose haciendo la tarea y se había recompensado por un trabajo bien hecho por liberalmente se pulveriza el producto alrededor de la cama.

Los vendedores de P & G creyeron que utilizar este ejemplo como prueba social y un poco de publicidad en televisión, junto con un cambio de nombre a Febreze, el producto podría ser un gran éxito. Efectivamente, Febreze hizo que P&G ganara mil millones de dólares ese año.

De nuevo, si usted está ofreciendo un producto a GenMe'ers, trate de crear una prueba social que muestre visualmente la sensación que se pueden asociar con el producto. ¡Las personas que no están seguros acerca de qué producto, persona o servicio elegir, sólo puede decidirse por usted o su empresa por el simple hecho de que alguien "le gusta" su video en Facebook o YouTube!

También triste, cómo el hombre del impuesto ve mi casa.

Detonante # 9: Reciprocidad

Reciprocidad significa que la mayoría de la gente suele dar algo de vuelta cuando se les da algo a ellos. Después de todo, cada libro religioso dice "da primero, y luego reciba." Y en las ventas, un gran parte de investigaciones muestran que hacer un favor a alguien a menudo genera algo más a cambio.

Un experimento realizado por Dennis Regan en la década de 1970 demostró que cuando a una persona se le da una bebida, y luego se le pide que done $0.25 para comprar un boleto de rifa, el sujeto de la investigación no sólo era más propenso a devolver el favor, pero compraría a menudo **más del doble** de la cantidad de billetes que el promedio de los comprados por individuos a los que no se les ofreció el refresco gratis.

Hacer un favor es un motivador poderoso, especialmente cuando se hace con el corazón y no la cabeza. Pido por algo a cambio rápidamente, sin embargo, porque la gente de hoy en día esta demasiado ocupada para devolver cualquier cosa, especialmente favores.

Por lo general, la gente ofrece una muestra gratis para generar reciprocidad. Usted nota a menudo el uso de esta táctica en Internet.
Para descargar un informe gratuito - simplemente introduzca su dirección de correo electrónico.

¡Más tarde, después de conseguir la información usted también recibirá 7 mensajes de correo electrónico, más un sentimiento de culpa si no compra un curso de formación caro! ¿Y qué sobre supermercados como Price Club y Costco? Allí verás sitios establecidos para que clientes prueben nuevos productos.

Después de probar el producto, mucha gente va a devolver el favor comprándolo. Curiosamente, en estas tiendas, el precio por un solo producto es ligeramente inferior y se sientes como si se estuviera recibiendo un trato mejor, porque recibe una mayor cantidad del producto.

Así que usted puede ser que piense: "Madre mía, ¡qué ganga!", y no "comprar cinco kilos de mariscos podría no ser una buena idea porque soy mujer soltera sin hijos y no necesitan tantos mariscos. "Así que no es raro que estas tiendas utilicen esta técnica para multiplicar las ventas.

Vendiendo Fuera de lo Acostumbrado

Perspectiva 9

Algo que no se puede cuantificar con reciprocidad es que cuando se hace algo con amor, y no por interés económico, los resultados pueden multiplicarse por 4.

Mi firme convicción es que el mercado de bienes inmobiliario puede atravesar momentos de crisis, **pero siempre habrá gente que compra casas.**

¿Por qué? Porque un hogar es el lugar donde los recuerdos nacen y las personas son apreciadas.

Hogar significa amor. No importa lo que la gente piense que está comprando, están comprando amor. Al menos eso es lo que me digo a mí mismo.

Cuando la crisis de las hipotecas tuvo lugar, mi esposa y yo ayudamos a los propietarios modificar sus préstamos hipotecarios. La idea no era vender sus casas sino ayudarles a quedarse en ellas.

¿Fue todo el mundo capaz de modificar con éxito su préstamo hipotecario? No. ¿Algunos propietarios tienen que vender sus casas? Sí.

Irónicamente, vendimos varias casas a pesar de que fracasamos en conseguir ayuda para los propietarios. Así que la regla de la reciprocidad, básicamente, consiste en que "si rascas mi espalda, yo rasco la tuya, o voy a hacer mi mejor esfuerzo para hacerlo".

Esta es la belleza de la reciprocidad- el favor devuelto NO tiene por qué ser la misma cosa dada. Si pido prestado 700 dólares hoy de usted y soy un especialista en rehabilitación de drogadictos, pero no tengo el dinero para pagar el préstamo mañana, puede ser que le pague ayudando a su ser querido a salir de las drogas. Esto podría ser más valioso para usted que cualquier cantidad de dinero. Así que piense de esta manera también, sobre todo cuando se encuentre con miembros de la Generación Yo.

Sabiendo que la gente de esta generación son personas individualistas, ¿hay alguna forma de generar reciprocidad con ellos? Una amiga mía promueve principalmente productos dietéticos, pero ofrece sus servicios de marketing en Internet a cambio de que empresas de su ciudad promocionen sus productos. Por ejemplo, ella hace lo siguiente:

• Escribir un artículo
• Retweet o compartir un artículo con sus 10.000 seguidores en Twitter
• Anunciar ofertas de trabajo en su boletín de noticias
• Compartir links
• Solicitar opiniones sobre proyectos
• Ofrecer descuentos o cupones a clientes potenciales
• Animar a que se dejen testimonios

En otras palabras, ella sabe que a la mayoría de empresas locales no les gusta promocionarse en internet a través de redes sociales, ya que los hace parecer cursi. Así que promociones estos servicios y a cambio estas empresas promocionar sus productos en sus tiendas. Para la gente online parece que la promoción viene de otra persona, y no de la empresa. Es una situación en la que todos ganan.

¿Puedes pensar en alguna manera de ayudar al dueño de un negocio?
¿Hay algo que él o ella NO podría hacer por sí mismo/a que usted podría hacer por ellos?

Algo que es muy fácil. Tal vez ha habido una emergencia causada por un huracán. Puede que los propietarios de viviendas necesiten ayuda para establecer un acuerdo con sus prestamistas. ¿Tal vez usted podría ayudarles con el papeleo?

Investigue las noticias. Tal vez un derrame de petróleo ha causado que se deje de perforar en el Golfo de México y usted es un experto en la limpieza de petróleo. Tal vez usted puede ofrecer apoyo como experto a un producto que puede hacer la limpieza de petróleo más segura. A cambio, esa compañía patrocinará los esfuerzos de su iglesia para acabar con el hambre en Africa.

Hablando de expertos, esto nos lleva a nuestro siguiente detonante: la autoridad.

Detonante # 10: Autoridad

Había una vez un anuncio televisivo donde un actor famoso vestido como un médico proclamó: "No soy médico, pero interpreto a uno en TV".

Confíe en mi, NO soy médico

Después de leer esta frase, ¿tomaría consejos de salud de esta persona? No. Sería una locura, ¿verdad? Sin embargo, las ventas de café instantáneo Sanka se **DUPLICARON** después de la primera emisión de este anuncio.

Los anunciantes no estaban desconcertados, porque conocían el secreto de la utilización de una figura de autoridad en un anuncio. Si usted puede conseguir a un experto o el apoyo de un famoso, el producto tendrá una mayor oportunidad de que se venda. ¿Cierto? Bueno, probablemente.

Los testimonios de celebridades parecen tener más peso con los clientes GenMe'er que los de los expertos. Tal vez sea porque los mensajes de que la mayoría de los miembros de la Generación Yo han recibido durante toda su vida son materialistas: que debemos tener de todo, hacer de todo y ser todo.

¡Solamente entonces seremos felices, y si no lo somos, algo seriamente malo nos pasa!
    Los famosos representan mejor estos mensajes porque la publicidad a menudo los retrata como seres felices, hermosos y libres de preocupaciones. Por lo tanto si Jennifer López luce elegante llevando puesto el maquillaje y la ropa de Macy, entonces voy a estar a la moda y feliz si yo lo llevo también. Pero cuando un experto de la moda haga un comentario sobre la forma en que las personas de la Generación Yo visten, muchos GenMe'ers no estarán de acuerdo:

"¿Qué le hace experto en moda?", Dirán.
"¿Qué sabrán ellos de todos modos?"
(¿No es eso lo que muchos concursantes que no tienen éxito en las audiciones de *American Idol* dicen?)

Vendiendo Fuera de lo Acostumbrado

Perspectiva 10

Lo más importante a recordar cuando se trate con clientes de la Generación Yo es que son muy desconfiados de los llamados "expertos" y creen firmemente que sus propias necesidades son primordiales.

El mundo gira alrededor de ellos, ¿recuerda?

Los maestros a menudo se quejan de esto.

Dicen que los estudiantes GenMe'er son demasiado difíciles de tratar porque hay momentos en los que toman el desafío a la autoridad un poco demasiado lejos. He aquí un extracto del libro Generation Me (Generación Yo):

"La profesora de educación Maureen Stout cuenta la historia de un joven de su clase que no presentó su trabajo de investigación. "Después de un montón de excusas y argumentos finalmente lo trajo." Stout escribe. 'Creía que tenía derecho a hacer lo que quisiera y se negó a reconocer mi autoridad, como instructora, para determinar cuáles trabajos tenia que presentar la clase. Era tan simple como eso."

La actitud de la Generación Yo parece ser: "A pesar de que puede ser mayor que yo y tener más experiencias de vida, ¿qué le hace pensar que usted sabe más que yo? O ¿es mejor que yo?'"

Una persona GenMe'er no puede ser tan cínico, ¿no?

Si, puede serlo.

Por cierto, a pesar de que puede que usted no haya nacido en los años de la Generación Yo, y USTED es respetuoso con los demás, usted es ahora parte de la cultura de la Generación Yo, porque este punto de vista se ha convertido en la actitud y el sentimiento que prevalece en la América de hoy.

Puede que usted este pensando, eso no es justo, yo no soy así - pero mire a su alrededor y verá que muchas de las ideas de los GenMe'ers se han introducido en su vida silenciosamente e inadvertidamente.

La sabiduría aceptada podrá estar ya allí sin que se dé cuenta. La forma de pensar de la Generación Yo se ha convertido en la forma aceptada por la mayoría de la gente en Estados Unidos. Una vez más, no estoy siendo crítico. Sólo estoy tratando de hacerle más consciente.

Caso en cuestión: ¿Está bien que una mujer de 65 años se estire la cara? Sí. ¿Está bien que una mujer de 43 años se haga una Abdomino-plastia? Supongo que sí. ¿Está bien que una mujer de 26 años se haga la cirugía para aumentar su pecho? ¿Qué diría la mayoría de la gente al respecto? **Claro. Por qué no? Si la hace sentir mejor, está bien, adelante, que lo haga. ¿Cierto?**

Esa es la actitud predominante de la Generación Yo.

Hace veinte años, la mayoría de la gente hubiera dicho: "No. Ella tiene sólo 26. Es más importante que ahorre dinero para el pago inicial de una casa o para pagar sus tarjetas de crédito."

En estos días, la respuesta es "Sí, porque una mujer de 26 años tiene el derecho de gastar su dinero en cirugía estética si va a hacer que se sienta mejor. Es su dinero".

Digamos que visito la casa de un cliente GenMe'er. Si le digo a un vendedor GenMe'er que el precio de su hogar es 300.000 dólares, basado en lo que he vendido y mi experiencia, ¿adivinen qué sucede a menudo? El vendedor probablemente se reirá y me dirá que me vaya por donde he venido. ¿Por qué? ¿Debido a que realmente él quiere ser el mandamás, la diva, el rey de la información o la figura de autoridad? Así es, señor Vendedor GenMe'er.

Por lo general me pondrá al día sobre cada venta que tiene lugar en el barrio, porque se habrá enterado en Zillow.com. Así que mi consejo a los vendedores que participan en la venta directa es actuar como el detective Columbo: ser humilde, persistentemente cortés, pero directo a la yugular.

Se acuerda de **Columbo**, ¿no? En los primeros minutos de cada episodio de esta serie de televisión, un asesino inteligente y rico comete un asesinato y luego el detective Columbo tiene que averiguar la manera en la que él o ella cometieron el delito. (Puede encontrar toda la serie de Columbo en Netflix.)

Pero los asesinos son siempre mucho más inteligentes que Colombo, ¿no? Si.

Sin embargo, Columbo se las arregla para cerrar los casos, simplemente haciendo preguntas tontas, escuchando cortésmente y tomar muchas notas. Por lo general encierra el asesino en algo demasiado específico. Así que no tenga miedo de ser obstinadamente persistente, poner su palma en su frente y hacer una pregunta directa: "Sólo una cosa más, señor. La casa que se vendió por $ 325.000, era la que tenía de los azulejos del baño importado, ¿no? "Esa no salió en "illow.com. Esta es probablemente una de las mejores maneras de lidiar con algunos clientes GenMe'er. Sea persistentemente cortés. Sin embargo, vaya directo al punto.

Después de todo, si un cliente de la Generación Yo ha tenido una mala experiencia, ¿qué van a hacer? ¡El o ella se quejará haciendo comentarios desagradables en Yelp, Facebook y Twitter!

Le hablaran al mundo entero sobre usted y el terrible incidente.

He aquí el ejemplo de una mujer a la que la gusto la comida de un restaurante, pero no consiguió que le sirvieran mas refresco con rapidez.

¿Por qué? ¡Porque la persona que tenía que haberle servido estaba detrás del mostrador ayudando a otro cliente!

Esta es la opinión que dejo en Yelp.com:

Estoy a favor de apoyar a las empresas locales. De hecho, siempre lo sugiero cuando salgo con amigos o familia, por eso sugerí que comiéramos en el restaurante XY". La comida de este restaurante es muy buena. Las porciones son decentes, pero los empleados del mostrador deberían estar mejor capacitados. ¡Volví a pedir que me sirvieran mas refresco y el hombre detrás del mostrador me ignoró completamente, y tomó otro pedido, justo en frente de mí!!!!!!!!!! (¡El me vio!) @ ^ #% $ & $ (&! ^ ^ $ $ * ¡Me gustó la comida, pero la mala actitud de los empleados no merece mi tiempo, dinero o cordura!

¡Dios mío! Creo que alguien debe de empezar a tomar café descafeinado ~~Sanka~~.

El Internet está lleno de comentarios llenos de odio y hay toda una categoría de especialistas en informática que no hacen nada más que "gestionar reputaciones". Cobran hasta $800 al mes por reparar la reputación dañada de una empresa como resultado de una mala crítica.

Mi opinión es la siguiente: si usted puede conseguir testimonios de doctores, famosos y expertos, hágalo. En el lado positivo, la opinión de un cliente GenMe'er satisfecho con un "smart phone" y 5 de su tiempo puede valer su peso en oro. Algunos GenMe'ers incluso crearían con mucho gusto un vídeo de YouTube o Facebook, si usted es persistente y se lo pide educadamente.

Además, si usted es dueño de un negocio considere diversos sistemas de distribución de sus productos.

Un agente de bienes inmobiliarios o de seguros, por ejemplo, puede tener formas descárgales para que los cliente GenMe'ers podrían ser capaces de revisar por adelantado.

Si usted es dueño de un restaurante, tal vez debería instalar un dispensador autoservicio de refrescos. De esta manera, el cliente no tiene que pedir a los empleados que llenen su vaso otra vez.

Algunos lugares de sushi tienen cintas transportadoras que ofrecen platos con precios que varían dependiendo del color. Gracias a esto, los clientes obtienen una gratificación instantánea - no tienen que perder su valioso tiempo esperando a que el chef de sushi prepare el pescado crudo.

Un mejor ejemplo de sistemas de distribución diferentes puede ser una empresa de préstamos inmobiliarios que puede entregar los papeles al instante por correo electrónico.

O a través de una aplicación o un portal en línea. La mayoría de los compradores de la Generación Yo agradecerían esto, sin embargo, el prestamista también podría considerar la entrega de los documentos de la manera tradicional mediante Fed Ex o correo urgente. No asuma que todo el mundo quiere imprimir 75 páginas usando su ordenador personal.

Hace unos años, cuando mi agente de escrow (Fideicomiso) me dijo que tenía que transferir los fondos de cierre a la compañía de títulos de propiedad, le hice una pregunta tonta. Le pregunté si podía transferir mi cheque de comisión al banco directamente también. Ella dijo: "Sí" y lo he estado haciendo desde entonces. ¡Ayude a salvar a los árboles y evite un viaje extra al banco!

¡Busque formas de variar los sistemas de entrega a sus clientes, y la opinión de sus cliente sobre sus servicios mejorará! ¡Para obtener información sobre el siguiente detonante, siga adelante!

Detonante #11: ¡Justo Como Yo!

A la gente le gusta hacer negocios con personas que a ellos les agradan. Eso es una obviedad. Teniendo esto en cuenta, ¿a quien preferiría darle su negocio, a una persona que en la que confía o a un desconocido? Curiosamente, la gente prefiere hacer negocios con personas que consideran atractivas físicamente. ¡Por lo tanto, cuanto más parecido entre el vendedor y el cliente, más le gustará al cliente el vendedor!

Del mismo modo, cuando una persona me da un "me gusta" lo que usted ha publicado en Facebook, le dará a menudo a "me gusta" a lo que esa persona publique.

Un atractivo físico más familiar también hace que sea más fácil para el votante de asociarse con un candidato porque quienquiera que usted vote le representara mejor a usted. Cuando gane, usted gana. En la política actual, también ayuda tener un nombre que suena familiar: Bush, Reagan, Clinton - porque la mayoría de la gente esta familiarizada con esos nombres. Son como "marcas" que ya están asociadas con la política.

También ayuda ser atractivo. A la gente le gusta la gente atractiva, sin saber muy bien por qué.

Estudios científicos han demostrado que rasgos positivos, tales como la honestidad, la bondad y la inteligencia son subconscientemente asignados a gente atractiva.

Inconscientemente, tu cerebro dice: una persona hermosa es igual que un producto que quiero porque quiero ser como esa persona atractiva.

Pregunta: ¿cómo puede saber que alguien le gusta o que usted le gusta?
Aquí va una pista: **piropéelos**. Un cómico dijo una vez: **"Mi esposa me engañó para que me casara con ella. Ella me dijo que yo le gustaba."**

Linda es una madre con tres hijos que vende productos de Avon de puerta a puerta. Cuando ella suena un timbre de la puerta, ella me dijo que ella recibe a cada nuevo rostro con una sonrisa y cumplido tales como "Oh, me encantan las flores en su maceta".

No sabemos si Linda es atractiva, ¿pero te diste cuenta lo que hizo? Ella hace cumplidos a los dueños de las casas y sonríe. A menudo, todo lo que se necesita para mostrar aprecio a alguien es dar un comentario admirativo y una sonrisa.

Vaya, eres un lector inteligente. (Sonriso)
Si la mujer en la puerta tiene hijos, lo siguiente que Linda puede hacer es hablar de sus hijos. A Linda le gustan las flores como a la dueña de la casa. Ellas se gustan.

¿Ayuda que Linda sea atractiva? Por supuesto. Pero el hecho de que Linda sonríe, ofrece una palabra amable, y tiene cosas en común con la dueña de la casa ayuda a facilitar el factor de simpatía aún más. Y cuando la gente confía en usted, comprarán sus productos.

A menudo, los famosos no son sólo gente guapa, pero también muy simpática, por lo que no es de extrañar por qué los anunciantes quieren asociarlos con sus productos. Si alguien que tiene éxito se asocia a un producto, entonces tal vez si yo uso ese producto, tendré éxito también.

¿Qué ocurre si lo difícil es generar aprobación a un producto en particular?

Durante los Juegos Olímpicos de Verano (2012), patrocinados por McDonald's, a los espectadores se les pidió que hicieran una asociación poco usual.

Los atletas olímpicos son a menudo conocidos por sus dietas estrictas pero en estos juegos olímpicos estaban siendo patrocinados por una empresa de comida rápida acusada de causar obesidad en los Estados Unidos por su comida llena de colesterol: hamburguesas con queso, patatas fritas y batidos.

Pero en lugar de recibir quejas, a la mayoría de la gente le encantaron los anuncios televisión de la empresa, en particular uno llamado "rivales". Este comercial hábilmente utilizó la comida de McDonald como recompensa por juegos que implicaban una competición amistosa entre dos personas.

En el anuncio aparece una chica que desafía a su amigo en una carrera con un árbol lejano como meta. El ganador se llevará un Happy Meal de McDonald como recompensa. El anuncio también muestra a otras personas de todo el mundo participando en partidos de baloncesto, competiciones de natación, y jugando al fútbol. Ningunos de ellos son atletas olímpicos, sino que están involucrados en competiciones amistosas que tienen como premio un producto de McDonald.

Una chica tiene un acento español, un niño es japonés y los jugadores de fútbol son de otros países, al igual que las competiciones de los Juegos Olímpicos, las cuales incluyen atletas de otros países.

A continuación, la silueta de un carismático atleta olímpico de EE.UU., la estrella de baloncesto LeBron James aparece junto a otro jugador de baloncesto olímpico estadounidense. El jugador al lado de LeBron, mira con nostalgia a la bandera de Estados Unidos.

"Por la medalla de oro", dice.
"Y por un Big Mac", LeBron responde.

El mensaje es que no sólo gente en todo el mundo - al igual que usted y yo - trabajamos muy duro para ganar una hamburguesa de McDonald, pero también lo hace un famoso carismático olímpico como LeBron James. El es como uno de nosotros y nosotros somos como él. ¡Si a él le gusta McDonald, entonces nos gusta McDonald también!

Vendiendo Fuera de lo Acostumbrado

Perspectiva 11

Los vendedores de Avon, Tupperware, Amway u otros productos suelen utilizar su simpatía.

El uso de simpatía cuando se está enfrente de personas de la Generación Yo es también perfecto. ¿Por qué? Porque la mayoría de la gente de la generación Yo están *hambrientos* por adulación. A alguien le puede haber "gustado" un comentario en Facebook, pero eso es casi como comer comida rápida. Hay poco contenido nutricional en un "me gusta" en Facebook. Así que dé una honesta opinión personal como "Oye, estas muy guapa esta noche" o "Tienes una sonrisa tan hermosa." La mayoría de los GenMe'ers tienen hambre de alabanza y reconocimiento. Deles un cumplido y una sonrisa siempre que pueda.

El uso de "up-selling" es posible a menudo gracias a la simpatía. ¿Qué es el up-selling? Consisten en combinar un producto con otro para realizar una venta más grande.

Por ejemplo, si ha pedido una hamburguesa, qué hay de malo en preguntar, "¿Desea patatas fritas con eso?" ¿Puede añadir otro elemento para aumentar cada venta individual?

El uso de simpatía puede extenderse a la venta de productos online también.

Por ejemplo, usted no tiene que asistir a reuniones, fiestas de Tupperware o llamar a la puerta para vender cosas. Todo lo que necesita hoy en día para ganar dinero extra es enviar correos electrónicos a sus amigos y familiares con una descripción de un producto.

Vamos a suponer que haya disfrutado de la lectura de este libro. Usted puede enviar una copia a un amigo y espero que se lo devuelva algún día en un futuro no muy lejano.

O puede enviar a sus amigos a un sitio web como http://www.sellingoutsidethesquare.com donde podrán comprar una copia del libro por sí mismos.

¡Cuando su amigo compre el libro, usted ganará de dinero y no tendrá que preocuparse de no volver a ver su libro de nuevo!

Un afiliado de Amazon.com hizo más de $600,000 promocionado libros en Internet.

Para llegar a ser un afiliado de Amazon.com, en primer lugar regístrese y llene un formulario en https://affiliate-program.amazon.com/. A continuación, busque un libro como este para vender.

Guarde el enlace codificado del producto y guárdelo como un archivo de texto. A continuación, haga un vídeo de YouTube al respecto e incluya el enlace en la primera línea.

Entonces, cuando usted hable sobre el libro en el video, ¡dígale a la gente que debe hacer clic el enlace. Funciona!

A continuación, envíe el vídeo de YouTube a sus amigos.

También puede incluir el enlace en una campaña de anuncios mediante Google o Facebook. También se puede comercializar el producto a una lista o grupo que usted crea que puede beneficiarse de este libro.

Curiosamente, las investigaciones muestran que la gente está incluso dispuesta a pagar un poco más si se encuentra frente a un vendedor que les gusta.

Una encuesta realizada recientemente por Carlisle & Gallegher Consulting Group afirmó que una tercera parte de todos las personas potencialmente interesadas en préstamos pagarían una tasa más alta si el proceso de la hipoteca era más fácil y si tenían un punto de contacto para guiarles a través del proceso de tomar un préstamo.

La mayoría de los vendedores buscan formas de usar mejor su simpatía para establecer una buena relación con un cliente.

Si un vendedor de automóviles ve una raqueta de tenis en el asiento trasero del coche de un cliente potencial, el vendedor puede hacer una observación al respecto o sobre tenis - a pesar de que al vendedor no le guste el deporte.

"He notado su raqueta de tenis, ¿es para hacer air-guitar o juega realmente al tenis?" el vendedor puede preguntar. "Yo juego todos los días en el gimnasio YMCA", el vendedor responderá.

"¿El YMCA cerca de Kohl's?" "Sí, ese es." "A mi esposa le encanta ir de compras en Kohl's." "¿En serio? A mi mujer también".

Usted es como yo y por eso me usted gusta. De hecho, algunos vendedores imitarán conscientemente la postura, gestos y movimientos de la cabeza de un cliente potencial. Para qué? Para ser más como el cliente potencial. La ciencia muestra que incluso estos pequeños detalles ayudan a aumentar la probabilidad de realizar una venta. Nos gusta la gente que es como nosotros. Las tres palabras más populares del idioma Inglés son: usted, dinero y ahorrar. Y las tres combinaciones más populares de palabras, según David Peoples en su libro, *Presentations Plus* son: "Muchas gracias", "Por favor, ¿podría...?", y "¿Qué le parece?"

Por último, como el anuncio de McDonald's protagonizado por LeBron James, ¿hay alguna manera que usted puede usar para crear una conexión con su producto y unas vacaciones en Hawái?

Después de todo, a la mayoría de la gente le encantaría viajar a Hawai - especialmente durante los meses de invierno.

¿Se puede crear una campaña de ventas para ganar un viaje a Hawai?

Para participar, los concursantes deben proporcionar su dirección de correo electrónico.

No sólo su producto o servicio recibirá la popularidad generada por las vacaciones en Hawai, pero se usted podrá seguir promocionando sus productos y servicios a estos clientes potenciales durante todo el año.

Sí, habrá gente que nunca va a comprar nada, pero también puede que ellos le mencionen acerca de sus productos a dos o tres de sus amigos, los cuales si van a comprar.

Detonante #12: ¡Diga la Verdad!

Su madre probablemente le enseñó a decir siempre la verdad, y aunque usted no lo piense, ¡decir la verdad puede ayudarle a hacer más ventas! El motivo es porque el mundo moderno se mueve a un ritmo frenético y para sobrevivir dependemos de atajos.

Una persona honesta, la cual nos dice la verdad, no importa lo inconveniente que sea, en realidad nos ahorra tiempo. Por ejemplo, si un producto es popular, lo que significa que mucha gente lo está comprando. Pero, ¿también significa que el producto es bueno?

No, no necesariamente porque de acuerdo a la prueba social, puede que yo lo compre porque mis amigos lo están comprando. Se trata de imitación. Cuando salió una película cómica llamada **"The Hangover" (Resacón en Las Vegas / ¿Qué Pasó Ayer?**), yo la vi primero y me encantó, así que convencí a dos de mis antiguos compañeros de clase que no la habían visto a que me acompañaran. ¡A ellos también les encantó!

Cuando la secuela, *Resacón en Las Vegas 2* salió, uno de mis compañeros se apresuró a verla primero.

Cuando le pregunté qué pensó de la película, él fue honesto.

"Sólo tienes que alquilarla", murmuró, y yo no le cuestioné más.

A pesar de que había oído opiniones positivas de otras personas, yo confié en mi amigo porque él conoce mis gustos cinematográficos. Su honestidad me ahorró tiempo y dinero.

Vendiendo Fuera de lo Acostumbrado

Perspectiva 12

Hemos entrado en una época en la que cualquier persona con un teléfono inteligente puede comentar acerca de un producto o servicio. Cuando se trata de la promoción de productos y servicios, la honestidad es la mejor política.

Pero, ¿es esto lo que el cliente realmente GenMe'er realmente quiere escuchar?

Bueno, sí y no.

La verdad es que los vendedores recurren a menudo a hacer afirmaciones audaces sólo para llamar su atención. A los políticos les encanta hacer esto también. "Voy a bajar los impuestos, reducir el gasto y pagar la deuda nacional en un año." A muchas personas les encanta escuchar estas afirmaciones audaces porque queremos creer que existe una solución rápida y fácil.

Conclusión: actualmente, nuestras vidas están moviendo de forma más rápida. Nuestras relaciones son más cortas. Los amigos vienen y van.

Además, tenemos una avalancha de información y opciones.

Nos gusta cuando algo destaca y nos llama la atención. Queremos creer en una solución rápida y fácil a nuestros problemas.

De hecho, si pudiera evitar la lectura de este libro y en lugar simplemente tomar una píldora púrpura para acumular la información que contiene, usted lo haría, ¿no? Claro que lo haría.

Esta es justa la manera en la que ahora todo funciona, ¿no?

Por lo tanto, si usted va a hacer una afirmación audaz, sea brutalmente honesto. No hace mucho tiempo que busqué una estufa en Craigslist. Había un montón de ofertas, pero luego encontré este anuncio brutalmente honesto que me llamó la atención.

"Debemos $17,300 y necesitamos de vender nuestra estufa. Si quiere comprarla mañana, usted ayudará a evitar nuestra quiebra y se beneficiara de gran oferta. ¡Así que por favor, venga mañana a "comprarla!"

Este anuncio parece estar diciendo la verdad sobre la situación financiera de la persona. Además, el vendedor de la estufa parecía estar motivado, así que fui allí y la compré.

Los compradores de la Generación Yo, como todo el mundo, se sienten abrumados con demasiada información y STS síndromes (sin tiempo suficiente) que afectan nuestra vida cotidiana. El ritmo de la tecnología evoluciona a un ritmo más rápido del que podemos mantener, así que la gente todavía se basa en las recomendaciones de amigos, las cuales suelen ser francas y directas, acerca de su producto o servicio.

Después de todo, ¿por qué la gente visita Craigslist.org? Además de por los numerosos anuncios pervertidos personales, esta gente va allí a comprar cosas. Así que si usted quiere vender un producto, coloque un anuncio en Craigslist, pero sea honesto.

Si usted no recibe una buena respuesta, agregue información adicional sobre el producto, más fotos o considere hacer un video o escribir un anuncio más detallado.

Una buena idea podría ser la de comparar y contrastar las cosas con imágenes. Ha notado ¿que hay varios programas de televisión exitosos donde los antiguos productos son restaurados? Parece que a la gente le gustan realmente estos espectáculos. ¿Por qué no crear su propio anuncio de 30 segundos? Podemos ver:

Antes – Después -- Antes - Después
| Nuestra Compañía — El Competidor
Con Nuestro Producto – Sin Nuestro Producto

El uso de imágenes ayuda a desencadenar emociones fuertes y sentimientos acerca de productos o servicios. Recuerde que la gente compra teniendo sus emociones en cuenta. Así que ser veraz en sus testimonios, fotos o videos de ellos.

Si su negocio ha sido establecido recientemente y no tiene ningún testimonio, sin embargo, no importa. Hable de otras experiencias de vida que ha tenido. "Tengo dos hijos y he estado involucrado en el PTA de la escuela Meadows Elementary." Sea honesto.

Vendiendo Fuera de lo Acostumbrado

Vendiendo Fuera de lo Acostumbrado   Bob Boog

Conclusión: ¿A Dónde Ir Desde Aquí?

Este es el último capítulo de este libro, pero antes de concluir, me gustaría que considerar otra pregunta tonta: ¿Qué ocurre primero, el sentimiento de éxito y luego la felicidad? O ¿es el sentimiento de éxito en primer lugar, y después la felicidad?

Puede que se sorprenda al saber que un estudio científico sobre este tema fue realizado por Sonja Lyubomirsky de la Universidad de California.

Experimentos llevados a cabo durante los cuales la gente se encuentra dinero "perdido" por la calle; Leyeron en voz alta afirmaciones positivas, olieron flores frescas, vieron películas divertidas e hicieron varias otras cosas que normalmente hacen que la gente se sienta feliz o exitosa Cualquiera. Sin embargo, los primeros investigadores concluyeron que primero hay una sensación de felicidad – y después un sentimiento de éxito. En otras palabras, el éxito es un resultado de ser feliz. La felicidad no proviene del éxito.

Has clic aquí para ver el maravilloso libro de Sonja, *"The How of Happiness."*

Esto plantea la pregunta: ¿qué es lo que la mayoría de la gente diría que les trae más felicidad? Si su respuesta es "mucho dinero" estaría en lo correcto.

El investigador Phil Brickman, sin embargo, descubrió irónicamente, que un golpe de suerte enorme no trae la felicidad a largo plazo. ¿A corto plazo? Sí.¿A largo plazo? No.

A Larry David, el co-escritor de *Seinfeld* y protagonista de *Curb Your Enthusiasm* (*El show de Larry David*) una vez le preguntaron cómo se sentía acerca de estar "valorado" en millones de dólares.

El respondió: "Antes de *Seinfeld* tenía problemas para pagar la renta y poner comida en la mesa. Sin embargo, una vez recibí un millón de dólares, estos problemas se fueron y un nuevo conjunto de problemas los sustituyeron, tales como "¿Qué pasa si me quedo sin todo este dinero? ¿Es la seguridad suficiente en este edificio? ¿Y si me asaltan sólo porque llevo un reloj caro? ¿Mis amigos se ríen de mis chistes porque piensan que soy graciosos, o simplemente porque tengo un montón de dinero? "

Curiosamente, los investigadores de Brickman descubrieron que personas que habían ganado la lotería no eran más felices que en un grupo de control formado por personas seleccionadas al azar mediante una guía telefónica de Illinois.

La única diferencia entre los dos grupos fue que la gente en el grupo de control disfrutaban de las cosas más simples de la vida: hacer bromas online, recibir un cumplido o disfrutar de una buena comida hecha en casa.

Al parecer, la mayoría de las personas se adaptan a tener cosas nuevas muy rápidamente. ¿Alguna vez ha comprado un coche nuevo?

Puede que le dé un impulso a su ego a corto plazo, pero luego después de que la novedad se agota, simplemente se convierte en un vehículo para el transporte en alguna parte.

Del mismo modo, una vez que se gana una gran suma de dinero, se acostumbra uno a ella rápidamente también. La-di-da. Tengo millones de dólares. Gran cosa. Es como tener un gran tanque lleno de agua.

Así que si tener dinero no es el camino a la felicidad, ¿hay algo más que podría ser? Sí. Según los investigadores, hacer "actos de bondad al azar" aumenta el "dador" felicidad.

Hacer cosas inesperadas por los demás sin esperar nada a cambio no sólo le hará sentir feliz, pero como una hilera de fichas de dominó, cuando se ve felices a los demás, no sólo se siente uno feliz, pero más exitoso.

Cuanto más éxito tenga, los otros más puede que hablen, tuiteen o escriban acerca de usted.

Así que si usted pertenece a la cultura dominante de la Generación Yo, a la cual le gusta que el sol siempre brille en su frente, ¿por qué no pensar en hacer algunos actos de bondad al azar?

Por cierto, si crees que la Generación Yo ha sido injustamente demonizada y que la descripción de esta generación no encaja con usted o con alguien que usted conoce, es normal. Una vez más, mi propósito al escribir este libro es aumentar sus probabilidades de hacer una venta y no describir todas las características de la Generación Yo. Como he mencionado, no todas las personas de la Generación Yo tienen tatuajes o piercings.

Del mismo modo, la mayoría de la gente de hoy en día cree que se debe votar teniendo en cuenta sus pasiones y no sus bolsillos. Creo que esta actitud puede cambiar cuando llegue el año 2016. El terrorismo y sus efectos en la economía mundial, así como la inflación y la forma en que en última instancia afecta al bolsillo puede causar que muchos GenMe'ers cambien sus hábitos de voto.

Por tanto, estoy dispuesto a hacer una predicción audaz: si el Partido Republicano se vuelve más tolerante con los derechos de las minorías, las mujeres y los homosexuales, no me sorprendería si los republicanos ganan a lo grande en 2016. De hecho, un nombre familiar puede convertirse en el próximo presidente de los Estados Unidos.

Con su mujer hispana, nuera iraquí, y experiencia en el liderazgo de haber gobernado el estado de Florida, creo que los GenMe'ers probablemente encontrarán a Jeb Bush un candidato presidencial atractivo. ¿Por qué?

¿Porque yo soy una especie de ~~enfermo~~, loco, conservador?

Es que los 12 factores detonantes psicológicos de la persuasión que se mencionan en este libro favorecen fuertemente a Jeb Bush.

Ahora bien, no me odie.

Sólo estoy haciendo una observación personal. Jeb Bush posee más armas de influencia que cualquier otro candidato republicano.

Antes hice una predicción audaz acerca de cómo creía que el Presidente Obama iba a ganar a lo grande en noviembre de 2012. Por desgracia, este libro no estaba listo todavía y mi predicción perdió gas como un viejo soda.

¿Así que puede que se pregunte, cómo puede ser esto?

Actualmente la derecha está en crisis desde las elecciones de 2012, pero recuerde: en Internet, lo que existe hoy en día probablemente existirá de forma diferente mañana.

Cuatro años es prácticamente toda una vida para un votante de la Generación Yo, y pueden pasar muchas cosas durante este tiempo, pero esta es mi predicción: Jeb Bush podría ganar las elecciones de 2016, si decide participar en la carrera presidencial, se dirige a los votantes, seduce a los GenMe'ers teniendo un fuerte mensaje y tal vez elegirá un/una GenMe'er como candidato a vicepresidente. ¿Quién? No tengo ni idea.

¿Qué pasa con Hillary Clinton? Sí, ella también ejerce una influencia enorme. El problema con respecto a los votantes GenMe'ers es que son individualistas y rebeldes. Creo que una gran mayoría de GenMe'ers pasará de ser un "votantes motivados por pasión" a "votantes pensando en su bolsillo". Eso es todo lo que voy a decir por ahora. Una vez más, soy también un torpe así que puedo estar completamente equivocado. Esto es sólo mi opinión.

Tenga en cuenta también que el espíritu individualista de la Generación Yo, no es malo del todo. Creo que un momento de orgullo para la Generación Yo ocurrió en 2012 después de los juegos olímpicos de verano.

Así es, Después del fin de los Juegos Olímpicos de Londres y los Juegos Paralímpicos de 2012 también se celebraron en Londres.

Estos juegos homenajean a hombres y mujeres que los Baby Boomers y la generación más grande probablemente nunca consideren dignos de ser reconocidos en una sede olímpica ya que están discapacitados.

Sin embargo, los miembros de la Generación Yo simpatizaron con estos atletas y asistieron a los Juegos Paralímpicos en grandes cantidades. El espíritu peculiar de la generación Yo mostró al mundo que las personas con discapacidades físicas también son miembros importantes de nuestra sociedad.
 Así que por favor no sea demasiado crítico con la Generación Yo. Puede que no todos inventen Facebook, pero deles tiempo y espacio para volar y usted puede sorprenderse de lo que pueden hacer.

Esto me lleva ahora a la historia del Coco de la Suerte.

Una noche mi esposa me llamó para decirme que se había acabado la leche. Ella preguntó: "¿Te importaría ir la tienda en tu camino a casa desde el trabajo?" Así que esa noche, me detuve en Vons y compré ~~seis cartones de~~ leche y un aguacate que también me había pedido, decidí mirar los bananos. Mi suegra, Clemen, vive con nosotros, y porque le gusta agregar bananos a los cereales que toma como desayuno, decidí darle una sorpresa y comprar un racimo de bananos frescos.

Entonces me encontré con un pequeño problema. No estoy seguro si esto le ha ocurrido alguna vez a usted, pero no pude averiguar qué lado de la ultra-fina bolsa de plástico cargada de estática tenía que abrir para poner la fruta en su interior.

Soy miope, así que tuve que quitarme las gafas e inspeccionar cuidadosamente cada lado del plástico.

Una vez logré abrirlo correctamente, y dejé caer los bananos en la bolsa de plástico, después no pude encontrar mis gafas.

¿Alguna vez ha tratado de encontrar sus gafas cuando no las tiene puestas? No es divertido.

Afortunadamente, encontré mis gafas porque las había dejado sobre unos cocos cercanos.

La mayoría de los cocos estaban envueltos en plástico, pero algunos de ellos no lo estaban. Ellos fueron expuestos al público. Entonces hice otra de mis famosas observaciones.

¿Alguna vez lo ha notado? De hecho, cogí uno y me maravillé de su peso y la extraordinaria textura del coco. ¡Es realmente increíble!

 Nunca me había dado cuenta de lo realmente peluda que era su textura antes: era genial. ¡Tengo que comprar este coco peludo y dárselo a mi esposa!

Así que eso es lo que hice. Compré ~~los seis cartones de~~ la leche, el aguacate, los bananos y el coco y salí de la tienda.

Esa noche le di los plátanos a mi suegra, pero escondí el coco para dárselo a mi esposa. Mi mujer trabaja conmigo, así que pensé que iba a darle una sorpresa.

Al día siguiente, hice una pequeña tarjeta escrita a mano y la dejé sobre la mesa junto al coco. Mi tarjeta decía que había encontrado un "Coco de la Suerte" que podía conceder todos sus deseos. Sólo tenía que frotar su cabeza peluda. Escribí que no sólo **garantizaría** que ganaríamos millones de dólares con él, pero que la animaría personalmente para hacer su día más maravilloso.

¿El coco de la suerte nos ayudó a ganar más dinero?
     No, no puedo decir que lo hizo.
¿Animó a mi mujer y la hizo sonreír aquella mañana? Sí, ciertamente lo hizo. Ella incluso tomó un bolígrafo negro y de inmediato dibujó dos ojos y una gran sonrisa en el coco.

¿El coco de la suerte me ayudo a tener suerte esa noche? Um, ¡voy a dejar que lo adivine! ;-)

¿El coco de la suerte con el rostro sonriente me hizo más feliz aquella mañana? (¿Por qué no pensé en eso?)

Sí lo hizo, porque cuando ves a alguien cercano a ti sonriendo y diciéndote cosas dulces como "Eres tan raro" y mirándole disfrutar de su coco de ridículo aspecto, usted probablemente sonreiría también.

Ahora bien, si usted hace esto, por favor tenga en cuenta que un coco sólo es bueno por un par de semanas! Después de eso, empieza a oler mal. ¡Puede atraer a las hormigas también, si lo deja desatendido mucho tiempo!

La moraleja de esta historia es que a veces es bueno **entregarse a lo casual.**

Algo bueno o útil puede aparecer cuando usted no está buscando específicamente por ello.

Sea espontáneo. Utilice su intuición. Ponga a prueba nuevas ideas. Sigua tus corazonadas y persiga sus esfuerzos. Los cocos de la suerte están a nuestro alrededor - sólo hay que encontrarlos. Y cuando lo haga, tome medidas.

Obviamente, usted tendrá que analizar todos los posibles puntos ciegos, pero si es apropiado, siga adelante. Tal vez usted ha estado pensando en comprar una Harley, o cambiar de carrera y entrar en un campo nuevo y excitante o incluso la adquisición de un nuevo negocio.

Si usted ha analizado todos los ángulos y las cosas se ven bien, haga una oportunidad y entréguese a lo casual.

Tal vez sea algo tan simple como intentar una de estas señales psicológicas, pero añadiendo su propio toque personal.

Sí puede haber riesgos pero puede haber beneficios inesperados también. Su esfuerzo nuevo puede generar ganancias inesperadas que usted no había considerado.

Usted podría incluso pasar ratos más divertidos también.

¡Qué concepto!

Mire, todos sabemos que vender es un trabajo. Y cada trabajo trata de ganar dinero, y sin embargo ningún trabajo consiste solamente en ganar dinero, ¿verdad? Los trabajos consisten también en construir y mantener relaciones con las personas y las cosas que existen en este pequeño camino que llamamos vida.

Sin embargo, no es la vida para divertirse y poner amor en lo que se está haciendo -aunque a veces haya que taparse la nariz y sonreír mientras tanto.

En otras palabras, a veces hay que inventar razones para sentirse bien para que la sensación de sentirse bien comience a fluir. Así que hay que darse cuenta de que a veces tienes que fingir antes de hacerlo. Es posible que el optimismo, incluso el generado de forma irracional, pueda producir serotonina.

También hay un viejo refrán que dice: "si no te estás divirtiendo, entonces debes estar haciendo algo mal".

Busque nuevas formas de tener más diversión y poner más pasión a su vida y a lo que hace. Amigo mío, hay una gran cantidad de personas que darían su brazo derecho por poder trabajar de nuevo, pero no pueden hacerlo. El trabajo es un gran privilegio. Trátelo como la enorme oportunidad que es. Si se ha sentido mal últimamente o le gusta quejarse de su trabajo, la economía, el aumento de los impuestos o lo que sea - vaya a un supermercado y compre a alguien un coco de la suerte.

En serio, mantenga una alegría falsa o trate de hacer otra sonrisa.

Encuentre una manera de hacer que su trabajo sea más divertido.

xprese una actitud de gratitud no sólo por su trabajo, sino por su país, su libertad, su salud y por el bienestar y el buen "rollo" de los que trabajan con usted.

Si usted está en el mundo de los negocios para un largo plazo, pregúntese si eso es lo que está usted haciendo de verdad. **¿Estoy ofreciendo sinceridad e integridad a mis clientes?**

Si no, ¿usted puede comenzar a hacerlo a partir de ahora mismo y divertirse haciéndolo?
  Bueno, tengo que admitirlo. Me lo he pasado muy bien hablando de mi tema favorito: ~~yo~~ el mundo de las ventas.

Pero esto marca el final de este libro. Agradezco sinceramente que se tomara su tiempo valioso hoy para leerlo. Si le gustó, estaría muy agradecido si tuiteara o dejara un comentario al respecto en la página web, Facebook, Amazon o incluso que se lo recomendara un amigo, pero eso no es necesario. Escribo libros sobre todo porque ~~necesito dinero~~ me divierto haciéndolo.

Si no le gustó este libro, ~~mala suerte~~ no hay problema, mándeme un correo electrónico diciendo lo que no le gustó.

Utilice el correo electrónico contenido en la página web www.sellingoutsidethesquare.com y mantendré sus comentarios confidenciales pero los tomaré en serio cuando vuelva a escribir este libro otra vez. También hay información, ideas, vídeos y otros materiales en el sitio web, así que por favor échele un vistazo.

En mi familia cuando llega el momento de decir adiós, yo personalmente doy la mano. O voy un paso hacia la otra persona y doy un abrazo. En el caso de estar enfrente de una mujer muy especial en mi vida, puedo incluso darla un beso en la mejilla mientras le doy un abrazo. Es ese mismo sentimiento de amor y agradecimiento el que extiendo hacia ustedes ahora.

Con mis saludos más cordiales,

Bob Boog
Valencia, California

www.ingramcontent.com/pod-product-compliance
Lightning Source LLC
Chambersburg PA
CBHW051549170526
45165CB00002B/937